Loreno Lorenzon

L'impegno ecumenico nel magistero della Chiesa cattolica

Loreno Lorenzon

L'impegno ecumenico nel magistero della Chiesa cattolica

Cenni Essenziali

Edizioni Sant'Antonio

Imprint
Any brand names and product names mentioned in this book are subject to trademark, brand or patent protection and are trademarks or registered trademarks of their respective holders. The use of brand names, product names, common names, trade names, product descriptions etc. even without a particular marking in this work is in no way to be construed to mean that such names may be regarded as unrestricted in respect of trademark and brand protection legislation and could thus be used by anyone.

Cover image: www.ingimage.com

Publisher:
Edizioni Accademiche Italiane
is a trademark of
International Book Market Service Ltd., member of OmniScriptum Publishing Group
17 Meldrum Street, Beau Bassin 71504, Mauritius

Printed at: see last page
ISBN: 978-613-8-39144-9

L'impegno ecumenico nel magistero della Chiesa cattolica

Questo testo descrive in modo essenziale l'impegno ecumenico della Chiesa cattolica, avvenuto con il Concilio Vaticano II e dopo il Concilio stesso, grazie ad alcuni dei suoi più importanti brani magisteriali[1] sulla questione dell'unità della Chiesa.

Queste parti dottrinali, che ho riportato direttamente con il loro stesso titolo, sono i numeri 1-4, 8 e 14-15 della Costituzione dogmatica Lumen Gentium del Concilio Vaticano II, il primo capitolo del decreto conciliare sull'ecumenismo Unitatis Redintegratio, il primo capitolo del Direttorio per l'applicazione dei principi e delle norme sull'ecumenismo del 1993, redatto dal Pontificio Consiglio per la Promozione dell'Unità dei cristiani e il primo capitolo della lettera enciclica di san Giovanni Paolo II, Ut Unum Sint[2].

L'obiettivo è quello di riflettere su questi scritti, che manifestano quanto sia indispensabile e irreversibile per la Chiesa cattolica la dimensione ecumenica. Per la Chiesa cattolica e per le altre Chiese e Comunità cristiane il senso del cammino ecumenico è la riconciliazione nella piena e visibile comunione-unità in Cristo. Questo mio lavoro si presenta introduttivo e propedeutico per ulteriori approfondimenti e ricerche.

I commenti si caratterizzano come un primo approccio alla dimensione ecumenica, contemporaneamente richiamano la necessità di integrazione e completamento. In queste mie osservazioni la realtà del Dio cristiano si rivela come Amore-Dio-Trinità-Unità e la verità delle persone trinitarie nel loro essere e agire come Amore-Dio del Padre, Amore-Dio del Figlio e Amore-Dio dello

[1] Questi brani magisteriali sono ripresi dal sito http://www.vatican.va

[2] Pontificium Consilium ad Christianorum Unitatem Fovendam, *La dimensione ecumenica nella formazione di chi si dedica al ministero pastorale,* Typis Vaticanis, MCMXCVII, 16.

Spirito nella loro dinamica e natura di unità reciproca. Ho voluto sottolineare ciò per esplicitare il punto di riferimento e di vita, trinitario e unitario insieme, che sostiene il cammino ecumenico.

Primo capitolo

In questo primo capitolo ci chiediamo dove possiamo rinvenire i fondamenti biblici del servizio ecumenico che sono imprescindibili per la Chiesa cattolica e anche per le altre Chiese[3].

I fondamenti biblici si trovano all'interno dei vari brani magisteriali. Da questi fondamenti scaturisce la riflessione teologica sulla Chiesa cattolica in rapporto alla sua identità e nella sua relazione con le altre Chiese e Comunità cristiane.

Essi costituiscono perciò i principi basilari che sostengono il mistero della Chiesa, descritto nei primi quattro punti della Costituzione dogmatica Lumen Gentium. Qui la Chiesa è disegnata come la sposa e contemporaneamente come il corpo di Cristo, di cui Cristo è il capo e noi le sue membra. Vi sono poi altri presupposti biblici nel secondo punto dell'Unitatis Redintegratio e dal quinto al nono punto dell'enciclica 'Ut Unum Sint' del santo padre Giovanni Paolo II.

1. La Chiesa è sacramento in Cristo (LG 1)

Fondamento biblico: Mc 16,15

1. Cristo è la luce delle genti: questo santo Concilio, adunato nello Spirito Santo, desidera dunque ardentemente, annunciando il Vangelo ad ogni creatura (cfr. Mc 16,15), illuminare tutti gli uomini con la luce del Cristo che risplende sul volto della Chiesa. E siccome la Chiesa è, in Cristo, in qualche modo il sacramento, ossia il segno e lo strumento dell'intima unione con Dio e dell'unità di tutto il genere umano, continuando il tema dei precedenti Concili, intende con maggiore chiarezza illustrare ai suoi fedeli e al mondo

[3] Il testo biblico, pur nelle sue differenziazioni ecclesiali, è alla base del movimento ecumenico in quanto Parola di Dio per i cristiani.

intero la propria natura e la propria missione universale. Le presenti condizioni del mondo rendono più urgente questo dovere della Chiesa, affinché tutti gli uomini, oggi più strettamente congiunti dai vari vincoli sociali, tecnici e culturali, possano anche conseguire la piena unità in Cristo.

Il Concilio parla della Chiesa come sacramento in Cristo perché solo Gesù Cristo è la luce delle genti. Il mistero della Chiesa è in relazione con il mistero di Cristo in quanto la luce di Cristo si riflette e splende sul volto della Chiesa. Questa luce di Cristo consiste nell'annuncio del Vangelo ad ogni uomo che cerca sinceramente e umilmente la verità su Dio. Questa verità di Dio è Cristo stesso, il Dio-Uomo risorto, colui che ha vinto, una volta per tutte, la morte dell'uomo.

La Chiesa si presenta come sacramento, segno e strumento della relazione di unità con Dio e degli uomini tra di loro. La Chiesa è stata creata da Dio per rivelare all'uomo cosa vuol dire essere in relazione di unità con Dio e cosa sia l'unità degli uomini tra loro. Tutto ciò accade solo per mezzo di Cristo e in vista di Cristo, che si manifesta, mediante la sua risurrezione, centro e modello dell'unità del genere umano. La natura della Chiesa sta nell'essere la sposa di Cristo. Appartiene a Cristo come corpo della sposa che si unisce a Cristo e ciò avviene specialmente nella dimensione sacramentale. La missione della Chiesa, l'unità di tutti gli uomini in Cristo risorto, coincide con la stessa missione di Cristo, incarnatosi in Maria, "affinché tutti siano uno" (Gv 17,21). La Chiesa ha perciò solo un unico obiettivo che è quello di rendere il mondo unito in Cristo, nel suo sposo e tutto questo corrisponde, in altri termini, alla salvezza delle anime.

Più gli uomini saranno uniti in Cristo, più saranno uniti tra di loro. Questa è la vocazione di ogni Chiesa, non solo di quella cattolica. La dimensione ecumenica perciò è un compito urgente e indelebile della Chiesa e di ogni cristiano.

Si tratta del suo DNA, del suo essere e del suo dover essere. L'unità del genere umano oggi è un segno e una chiamata per il mondo, il quale appare sempre più come una casa comune. È questo il tempo in cui si danno le condizioni affinché la Chiesa si presenti in Cristo come il segno e lo strumento dell'unità di tutti gli uomini.

2. Disegno salvifico universale del Padre (LG 2)

Fondamenti biblici: Col 1,15; Rm 8,29

2. L'eterno Padre, con liberissimo e arcano disegno di sapienza e di bontà, creò l'universo; decise di elevare gli uomini alla partecipazione della sua vita divina; dopo la loro caduta in Adamo non li abbandonò, ma sempre prestò loro gli aiuti per salvarsi, in considerazione di Cristo redentore, «il quale è l'immagine dell'invisibile Dio, generato prima di ogni creatura» (Col 1,15). Tutti infatti quelli che ha scelto, il Padre fino dall'eternità « li ha distinti e li ha predestinati a essere conformi all'immagine del Figlio suo, affinché egli sia il primogenito tra molti fratelli » (Rm 8,29).
I credenti in Cristo, li ha voluti chiamare a formare la santa Chiesa, la quale, già annunciata in figure sin dal principio del mondo, mirabilmente preparata nella storia del popolo d'Israele e nell'antica Alleanza [1], stabilita infine «negli ultimi tempi», è stata manifestata dall'effusione dello Spirito e avrà glorioso compimento alla fine dei secoli. Allora, infatti, come si legge nei santi Padri, tutti i giusti, a partire da Adamo, «dal giusto Abele fino all'ultimo eletto» [2], saranno riuniti presso il Padre nella Chiesa universale.

In questo brano conciliare si sottolinea l'azione del Padre, creatore di ogni cosa e dell'uomo. Il progetto eterno del Padre è la realizzazione umano-divina di ogni uomo in Cristo e la ricreazione di ogni cosa nel Figlio redentore. Questa è una motivazione del mistero dell'Incarnazione per cui l'Amore-Dio del Padre ha contemplato e trasfigurato nell'Amore-Dio del Figlio la volontà di farsi uomo. Certo, c'è anche la motivazione della caduta di Adamo a causa del peccato delle origini. Queste due cause dell'Incarnazione di Dio si compenetrano vicendevolmente. Il Padre non ha mai abbandonato e mai abbandonerà il suo progetto d'amore-unità sull'uomo, che trova la sua piena realizzazione e salvezza unicamente in Gesù Cristo. Solo in Gesù redentore trova compimento il progetto universale salvifico del Padre in quanto gli uomini sono stati predestinati dall'eternità a essere conformi all'Amore-Dio nel Figlio e solo in Cristo redentore gli uomini si ritrovano nella loro autentica identità e nella loro vera dimora, la santa Chiesa, la sposa di Cristo.

La figura della Chiesa è già stata annunciata nell'Antico Testamento nell'arco della storia d'Israele e nell'Antica Alleanza. Troverà nello Spirito di Cristo risorto, lo Spirito Santo, la sua gloria futura, anche se già da ora è possibile pregustarla, grazie all'effusione dei doni dello Spirito Santo, il datore della vita.

Questa gloria futura è il disegno d'amore-unità che da sempre, dall'eternità l'Amore-Dio del Padre ha preparato e voluto intensamente e dove ogni uomo, eletto in Cristo - dal giusto Abramo, passando per il giusto Abele sino all'ultimo vivente - farà esperienza dell'unità trinitaria e dell'unità di tutti gli uomini che hanno creduto e vissuto nell'Amore-Dio-Trinità-Unità, il Padre, il Figlio e lo Spirito Santo, che sono l'Uno.

3 . Missione del Figlio (LG 3)

Fondamenti biblici: Ef 1, 4-5 e 10; Gv 19,34; Gv 12,32; 1Cor 5,7 e 10,17

3. È venuto quindi il Figlio, mandato dal Padre, il quale ci ha scelti in lui prima della fondazione del mondo e ci ha predestinati ad essere adottati in figli, perché in lui volle accentrare tutte le cose (cfr. Ef 1,4-5 e 10). Perciò Cristo, per adempiere la volontà del Padre, ha inaugurato in terra il regno dei cieli e ci ha rivelato il mistero di lui, e con la sua obbedienza ha operato la redenzione. La Chiesa, ossia il regno di Cristo già presente in mistero, per la potenza di Dio cresce visibilmente nel mondo. Questo inizio e questa

crescita sono significati dal sangue e dall'acqua, che uscirono dal costato aperto di Gesù crocifisso (cfr. Gv 19,34), e sono preannunziati dalle parole del Signore circa la sua morte in croce: « Ed io, quando sarò levato in alto da terra, tutti attirerò a me » (Gv 12,32). Ogni volta che il sacrificio della croce, col quale Cristo, nostro agnello pasquale, è stato immolato (cfr. 1 Cor 5,7), viene celebrato sull'altare, si rinnova l'opera della nostra redenzione. E insieme, col sacramento del pane eucaristico, viene rappresentata ed effettuata l'unità dei fedeli, che costituiscono un solo corpo in Cristo (cfr. 1 Cor 10,17). Tutti gli uomini sono chiamati a questa unione con Cristo, che è la luce del mondo; da lui veniamo, per mezzo suo viviamo, a lui siamo diretti.

In questo punto della Lumen Gentium troviamo che l'Amore-Dio del Figlio si fa carne, secondo la volontà del Padre. Il senso dell'incarnazione dell'Amore-Dio del Figlio è quello di essere predestinato per gli uomini dall'Amore-Dio del Padre. La volontà del Padre è che ogni uomo si ritrovi nel Figlio come figlio adottato dall'Amore-Dio-Trinità-Unità.

Solo nell'Amore-Dio del Figlio siamo uno in quanto in Lui tutto viene ricapitolato e riassunto in unità. Per gli uomini l'essere in unità con l'Amore-Dio-Trinità-Unità e con tutti gli altri uomini si compie solo nell'Amore-Dio del Figlio perché Lui si è fatto uomo proprio per realizzare questa vocazione e questo sin dall'eternità.

In tal senso possiamo parlare del Regno di Dio inaugurato da Gesù sulla terra perché il mistero di Lui, che è l'Amore-Dio per l'uomo, si manifesta come una realtà di unità. Essendosi rivelato come mistero d'unità dell'Amore-Dio-Trinità-Unità, l'Amore-Dio del Figlio opera, in obbedienza trinitaria, la redenzione dell'uomo e di tutta la realtà della creazione[4]. La Chiesa perciò è l'accadimento

[4] Nel testo conciliare non si parla di redenzione della creazione ma solo della redenzione dell'uomo in quanto fatto a immagine e somiglianza di Dio. Sappiamo che l'uomo nel disegno trinitario si pone quale vertice della creazione. Ciò significa che la redenzione non concerne solo l'uomo ma tutta la creazione che viene salvata e redenta dall'unico atto salvifico dell'Amore-Dio del Figlio incarnato nel sacrificio della croce e risurrezione dal sepolcro. Mi

d'unità fra l'Amore-Dio-Trinità-Unità e la realtà creata. Ha come fine, la salvezza dell'uomo e del creato, fatti a immagine del Dio Uno-Trino. Grazie all'Amore-Dio del Figlio, avvenuto in pienezza con la redenzione, questo mistero d'unità cresce nella storia nella misura in cui gli uomini camminano e sperimentano la presenza del Figlio redentore che li attrae in unità.

Questa attrazione in unità della storia e del mondo, voluta dall'Amore-Dio-Trinità, è stata realizzata, una volta per tutte, dal sacrificio di Gesù Cristo, Crocifisso-Abbandonato, che ha redento tutti gli uomini, anche coloro che si sentono senza Dio. Costoro, nel Cristo Crocifisso-Abbandonato, si ritrovano nella verità che ricompone in unità ogni realtà creata, anche la loro stessa esperienza di sentirsi soli e abbandonati da Dio.

Questo mistero d'unità della storia e del mondo, provocato dal sacrificio di Gesù Cristo, Crocifisso-Abbandonato, si attualizza ogni volta nel sacrificio eucaristico come il senso di ogni essere creato e redento.

L'Eucaristia è veramente il sacramento dell'unità. Unità dell'Amore-Dio-Trinità con l'uomo. Unità dell'uomo con l'altro uomo. Unità dell'Amore-Dio-Trinità-Unità con l'uomo, insieme a tutta la creazione e la storia.

L'Eucaristia compie già ora questo mistero ineffabile d'unità. La storia degli uomini e il creato trovano perciò la verità di se stessi nell'Eucaristia in quanto sacramento d'unità, donato dal Dio Uno-Trino mediante il sacrificio del Cristo, Crocifisso-Abbandonato.

---

sembra perciò che la redenzione di tutto il creato sia inscritta nella redenzione stessa di tutto l'uomo. Per questo motivo ne accenno senza darla per scontata.

4. Lo Spirito santificatore della Chiesa (LG 4)

Fondamenti biblici: Gv 17,4; Ef 2,18; Gv4,14 e 7,38-39; Rm 8,10-11;1Cor 3,16 e 6,19; Gal 4,6; Rm 8,15-16 3 e 26; Gv 16,13; Ef 4,11-12; 1 Cor 12,4; Gal 5,22; Ap 22,17

4. Compiuta l'opera che il Padre aveva affidato al Figlio sulla terra (cfr. Gv 17,4), il giorno di Pentecoste fu inviato lo Spirito Santo per santificare continuamente la Chiesa e affinché i credenti avessero così attraverso Cristo accesso al Padre in un solo Spirito (cfr. Ef 2,18). Questi è lo Spirito che dà la vita, una sorgente di acqua zampillante fino alla vita eterna (cfr. Gv 4,14; 7,38-39); per mezzo suo il Padre ridà la vita agli uomini, morti per il peccato, finché un giorno risusciterà in Cristo i loro corpi mortali (cfr. Rm 8,10-11). Lo Spirito dimora nella Chiesa e nei cuori dei fedeli come in un tempio (cfr. 1 Cor 3,16; 6,19) e in essi prega e rende testimonianza della loro condizione di figli di Dio per adozione (cfr. Gal 4,6; Rm 8,15-16 e 26). Egli introduce la Chiesa nella pienezza della verità (cfr. Gv 16,13), la unifica nella comunione e nel ministero, la provvede e dirige con diversi doni gerarchici e carismatici, la abbellisce dei suoi frutti (cfr. Ef 4,11-12; 1 Cor 12,4; Gal 5,22). Con la forza del Vangelo la fa ringiovanire, continuamente la rinnova e la conduce alla perfetta unione col suo Sposo [3]. Poiché lo Spirito e la sposa dicono al Signore Gesù: « Vieni » (cfr. Ap 22,17). Così la Chiesa universale si presenta come «un popolo che deriva la sua unità dall'unità del Padre, del Figlio e dello Spirito Santo» [4].

Avvenuta la redenzione da parte dell'Amore-Dio-Figlio in Cristo Gesù, l'amore stesso trinitario viene donato nel giorno di Pentecoste alla Chiesa, affinché, grazie all'Amore-Dio dello Spirito, la Chiesa sia continuamente santificata. In questo modo i credenti possono instaurare un'autentica relazione con l'Amore-Dio trinitario mediante il dono dell'Amore-Dio del Figlio, che è lo Spirito Santo.

Possono, in altri termini, entrare in comunione con l'Amore-Dio-Padre nell'Amore-Dio del Figlio donato agli uomini nella redenzione, cioè l'Amore-Spirito Santo.

Lo Spirito Santo è il donatore della vita divina, sorgente eterna di vita nell'Amore-Dio-Trinità. L'Amore-Dio-Spirito è Colui che opera l'Unità nella Trinità e contemporaneamente la realizza nella Chiesa, che, in quanto missionaria, la diffonde a tutti gli uomini, chiamati alla salvezza della redenzione.

È nello Spirito Santo che le relazioni intratrinitarie del Padre e del Figlio accadono in unità. Parimenti nella Chiesa l'unità nell'Amore-Dio-Spirito compone e ricompone le diversità: questa è la vocazione della Chiesa cioè la testimonianza visibile dell'unità.

L'Amore-Dio-Spirito si manifesta come Colui che porta a compimento l'azione di salvezza iniziata dall'Amore-Dio del Figlio in Gesù Cristo. Infatti l'Amore-Dio dello Spirito porta la vita divina ed eterna là dove c'è la morte dell'uomo e del creato. Nell'ultimo giorno farà risorgere i corpi degli uomini e con loro tutta la creazione, realizzando pienamente il disegno salvifico trinitario.

Il corpo dei credenti però, già da ora, è il tempio, il tabernacolo in cui prende casa l'Amore-Dio-Trinità-Unità, grazie all'azione incessante dell'Amore-Dio-Spirito. Quest'azione dell'Amore-Dio-Spirito coscientizza i credenti sulla verità del loro essere e dover essere come figli di Dio, amati e redenti dall'Amore-Dio del Figlio incarnatosi in Cristo Gesù.

Inoltre, dona alla Chiesa il senso della verità tutta intera, compiendo l'unità nella distinzione. Con l'effusione di grazia dei doni ministeriali, gerarchici e carismatici genera lo splendore della Chiesa. L'Amore-Dio-Spirito è l'anima del continuo rinnovamento della Chiesa che in Lui si ritrova ringiovanita come una sposa per il suo Sposo, il Cristo redentore. In questo modo la Chiesa si rivela agli uomini come il luogo dell'unità con l'Amore-Dio-Trinità-Unità e chiama, in tal modo ogni credente, a essere apostolo e strumento di questa unità a favore del mondo.

5. Unità e unicità della Chiesa (UR 2)

Fondamenti biblici: 1Gv, 17,21; Ef 4,45; Gal 3,27-28; Ef 4,12 e note bibliche

2. In questo si è mostrato l'amore di Dio per noi, che l'unigenito Figlio di Dio è stato mandato dal Padre nel mondo affinché, fatto uomo, con la redenzione rigenerasse il genere umano e lo radunasse in unità (2). Ed egli, prima di offrirsi vittima immacolata sull'altare della croce, pregò il Padre per i credenti, dicendo: « che tutti siano una sola cosa, come tu, o Padre, sei in me ed io in te; anch'essi siano uno in noi, cosicché il mondo creda che tu mi hai mandato » (*Gv* 17,21), e istituì nella sua Chiesa il mirabile sacramento dell'eucaristia, dal quale l'unità della Chiesa è significata ed attuata. Diede ai suoi discepoli il nuovo comandamento del mutuo amore (3) e promise lo Spirito consolatore (4), il quale restasse con loro per sempre, Signore e vivificatore.

Innalzato poi sulla croce e glorificato, il Signore Gesù effuse lo Spirito promesso, per mezzo del quale chiamò e riunì nell'unità della fede, della speranza e della carità il popolo della Nuova Alleanza, che è la Chiesa, come insegna l'Apostolo: « Un solo corpo e un solo Spirito, come anche con la vostra vocazione siete stati chiamati a una sola speranza. Un solo Signore, una sola fede, un solo battesimo » (*Ef* 4,4-5). Poiché « quanti siete stati battezzati in Cristo, vi siete rivestiti di Cristo... Tutti voi siete uno in Cristo Gesù » (*Gal* 3,27-28). Lo Spirito Santo che abita nei credenti e riempie e regge tutta la Chiesa, produce questa meravigliosa comunione dei fedeli e li unisce tutti così intimamente in Cristo, da essere il principio dell'unità della Chiesa. Egli realizza la diversità di grazie e di ministeri (5), e arricchisce di funzioni diverse la Chiesa di Gesù Cristo « per rendere atti i santi a compiere il loro ministero, affinché sia edificato il corpo di Cristo» (*Ef* 4,12). Per stabilire dovunque fino alla fine dei secoli questa sua Chiesa santa,

Cristo affidò al collegio dei dodici l'ufficio di insegnare, governare e santificare (6). Tra di loro scelse Pietro, sopra il quale, dopo la sua confessione di fede, decise di edificare la sua Chiesa; a lui promise le chiavi del regno dei cieli (7) e, dopo la sua professione di amore, affidò tutte le sue pecore perché le confermasse nella fede (8) e le pascesse in perfetta unità (9), mentre egli rimaneva la pietra angolare (10) e il pastore delle anime nostre in eterno (11).

Gesù Cristo vuole che il suo popolo, per mezzo della fedele predicazione del Vangelo, dell'amministrazione dei sacramenti e del governo amorevole da parte degli apostoli e dei loro successori, cioè i vescovi con a capo il successore di Pietro, sotto l'azione dello Spirito Santo, cresca e perfezioni la sua comunione nell'unità: nella confessione di una sola fede, nella comune celebrazione del culto divino e nella fraterna concordia della famiglia di Dio. Così la Chiesa, unico gregge di Dio, quale segno elevato alla vista delle nazioni (12), mettendo a servizio di tutto il genere umano il Vangelo della pace (13), compie nella speranza il suo pellegrinaggio verso la meta che è la patria celeste (14).

Questo è il sacro mistero dell'unità della Chiesa, in Cristo e per mezzo di Cristo, mentre lo Spirito Santo opera la varietà dei ministeri. Il supremo modello e principio di questo mistero è l'unità nella Trinità delle Persone di un solo Dio Padre e Figlio nello Spirito Santo.

Dopo il commento dei capitoli della Lumen Gentium, quale cornice biblica per il cammino ecumenico della Chiesa, passiamo ora ai richiami biblici presenti nella Unitatis Redintegratio.

Questo decreto dovrebbe essere considerato dai cristiani cattolici come la magna carta del loro impegno e della loro testimonianza ecumenica. Un cattolico che volesse vivere pienamente il suo apostolato ecumenico dovrebbe conoscere in modo approfondito questo documento. Potrebbe divenire così, prima di tutto all'interno della sua comunità cattolica e poi per le altre, un punto di riferimento per conoscere e diffondere l'unità, voluta da Gesù. Questo brano dal titolo 'Unità e unicità della Chiesa' lo troviamo nel primo capitolo chiamato 'Principi cattolici sull'ecumenismo'.

I padri conciliari ricordano innanzitutto il progetto dell'Amore-Dio-Trinità per l'umanità peccatrice: l'incarnazione dell'Amore-Dio-Figlio in Cristo Gesù, il quale con la sua morte-risurrezione, ha rigenerato cioè ha riportato in unità gli uomini con Dio, insieme al creato. Questo progetto di salvezza viene confermato dal fatto che, prima del sacrificio cruento della croce, il Figlio in Gesù pregò il Padre per l'unità dei credenti del suo tempo e di quelli del futuro.

Parlano dell'istituzione dell'Eucaristia che rivela e, nello stesso tempo, è causa e strumento dell'unità realizzata poiché l'Eucaristia è la reale manifestazione nella storia dell'Amore-Dio-Uno-Trino grazie al sacrificio dell'Amore-Dio-Figlio in Cristo Gesù.

Questa grazia dell'unità, che si attualizza come la presenza dell'Amore-Dio-Spirito donato dal Crocifisso-Risorto, viene vissuta nell'esperienza dell'amore reciproco. È l'attuazione del comandamento di Gesù che invita i cristiani ad amarsi nel suo stesso modo cioè pronti a dare la vita l'un per l'altro.

C'è la promessa di Gesù dell'Amore-Dio-Consolatore e vivificatore, lo Spirito Santo.

Questo Amore-Dio-Spirito, donato alla Chiesa, ha come origine e vita la morte e risurrezione dell'Amore-Dio-Figlio in Gesù, che ha effuso lo stesso Amore-Dio-Consolatore. È questo Amore-Dio-Consolatore, promesso da Gesù ai suoi discepoli prima di morire, che porta il popolo della nuova alleanza, la Chiesa, all'unità nelle dimensioni esistenziali delle tre virtù teologali: la fede, la speranza e la carità.

L'Amore-Dio-Spirito è il principio dell'unità nel quale i cristiani e la Chiesa tutta si ritrovano a essere uno nell'Amore-Dio-del Figlio. Vivendo così, i cristiani allora possono dare agli altri il dono dell'unità che è il dono del Risorto nell'Amore-Dio-Spirito.

La riflessione conciliare parla poi di diversità circa la grazia e circa i ministeri nella Chiesa di Cristo. Le diversità di carismi e di ministeri sono doni dello Spirito Santo per edificare, sostenere, vivificare e rendere sempre più bella la sua Chiesa.

Ricorda che il collegio degli apostoli ha il compito, quale servizio d'amore, di insegnare, governare e santificare e che tra gli apostoli Gesù scelse Pietro come espressione visibile dell'unità della Chiesa.

Pietro rappresenta, essendo il vicario di Cristo, l'Amore-Dio del Figlio nel dono della confermazione della fede. Questa fede si rivela come l'autentica risposta d'amore all'Amore-Dio del Figlio che resta la sola pietra angolare e il solo vero pastore degli uomini, chiamati in Lui, sin dall'eternità, a convergere nell'unità dell'Amore-Dio-Trinità-Unità. Il papa, il vicario di Pietro, ha il dovere insieme ai suoi collaboratori, che sono i vescovi a lui uniti, di portare a compimento la volontà dell'Amore-Dio-Trinità-Unità: l'unità della Chiesa in vista della salvezza di tutto il genere umano.

Tutto ciò sarà possibile mediante la predicazione del Vangelo. Il Vangelo è la Parola di Dio che, in Cristo Risorto, coincide all'unità-verità dell'uomo e all'unità-verità dei sacramenti. Questo vuol dire che la verità dell'uomo corrisponde all'unità dell'uomo e degli uomini in Cristo. La verità dei sacramenti ha come loro essere e parimenti loro dover-essere l'unità di tutti i sacramenti nel Cristo Risorto, in modo particolare il Battesimo e l'Eucarestia, la quale è il sacramento per eccellenza dell'unità dell'Amore-Dio-Uno-Trino con l'uomo.

Con l'azione santificante dell'Amore-Dio-Spirito la Chiesa crescerà e si perfezionerà nella sua comunione d'unità, divenendo per gli uomini il segno del cammino per il paradiso. Questo cammino si rivela allora come un pellegrinaggio. Si sperimenta nella fede e nella speranza, già da ora riflessa, anche se non pienamente, nel mistero dell'unità della Chiesa, che ha come modello, come fonte e come culmine la comunione d'unità dell'Amore-Dio-Uno-Trino.

6. Il disegno di Dio e la comunione (UUS 5-6)

Fondamenti biblici: Ez 37,16-28; Gv 11, 51-52; Ef 2, 14-16

5. Assieme a tutti i discepoli di Cristo, la Chiesa cattolica fonda sul disegno di Dio il suo impegno ecumenico di radunare tutti nell'unità. Infatti "la Chiesa non è una realtà ripiegata su se stessa bensì permanentemente aperta alla dinamica missionaria ed ecumenica, perché inviata al mondo ad annunciare e testimoniare, attualizzare ed espandere il mistero di comunione che la costituisce: raccogliere tutti e tutto in Cristo; ad essere per tutti "sacramento inseparabile di unità"[4].

Già nell'Antico Testamento, riferendosi a quella che era allora la situazione del popolo di Dio, il profeta Ezechiele, ricorrendo al semplice simbolo di due legni prima distinti, poi accostati l'uno all'altro, esprimeva la volontà divina di "radunare da ogni parte" i membri del suo popolo lacerato: "Io sarò il loro Dio ed essi saranno il mio popolo. Le genti sapranno che io sono il Signore che santifico Israele" (cfr. 37,16-28). Il Vangelo giovanneo, da parte sua, e di fronte alla situazione del popolo di Dio a quel tempo, vede nella morte di Gesù la ragione dell'unità dei figli di Dio: "Doveva morire per la nazione e non per la nazione soltanto, ma anche per riunire insieme i figli di Dio che erano dispersi" (11,51-52). Infatti, spiegherà la Lettera agli Efesini, "abbattendo il muro di separazione, [...] per mezzo della croce, distruggendo in se stesso l'inimicizia", di ciò che era diviso egli ha fatto una unità (cfr. 2,14-16).

6. L'unità di tutta l'umanità lacerata è volontà di Dio. Per questo motivo Egli ha inviato il suo Figlio perché, morendo e risorgendo per noi, ci donasse il suo Spirito d'amore. Alla vigilia del sacrificio della Croce, Gesù stesso chiede al Padre per i suoi discepoli, e per tutti i credenti in lui, che siano una cosa sola, una comunione vivente. Da ciò deriva non soltanto il dovere, ma anche la responsabilità che incombe davanti a Dio, di fronte al suo disegno,

su quelli e quelle che per mezzo del Battesimo diventano il Corpo di Cristo, Corpo nel quale debbono realizzarsi in pienezza la riconciliazione e la comunione. Come è mai possibile restare divisi, se con il Battesimo noi siamo stati "immersi" nella morte del Signore, vale a dire nell'atto stesso in cui, per mezzo del Figlio, Dio ha abbattuto i muri della divisione? La "divisione contraddice apertamente alla volontà di Cristo, ed è di scandalo al mondo e danneggia la santissima causa della predicazione del Vangelo a ogni creatura"[5].

Prendiamo ora in esame i punti cinque e sei della lettera enciclica di S. Giovanni Paolo II, l'Ut unum sint (UUS) del 25 maggio 1995, che possiamo considerare il documento ecumenico più importante del magistero di questo papa.
S. Giovanni Paolo II afferma nel punto cinque che l'impegno ecumenico della Chiesa cattolica ha il suo fondamento nel disegno dell'Amore-Dio-Trinità che, dall'eternità, vuole portare tutti gli uomini all'unità con Dio in Cristo nello Spirito Santo. La Chiesa è costantemente aperta all'annuncio della Parola dell'unità che corrisponde alla proclamazione del Vangelo a tutte le creature. L'essere e il dover essere della Chiesa sono perciò missionari ed ecumenici. La Chiesa è il sacramento dell'unità in quanto vuole testimoniare la comunione-unità dell'Amore-Dio-Trinità-Unità a tutto il genere umano. Il papa ricorda il profeta Ezechiele e l'immagine dei due legni distinti e poi accostati l'uno all'altro per esemplificare la volontà di Dio nei confronti del suo popolo: radunarlo da ogni parte e renderlo così il suo popolo santo.
Giovanni nel suo Vangelo amplia la volontà di Dio non solo al popolo d'Israele. Gesù doveva morire per tutti crocifisso sulla croce, la quale distrugge il muro di divisione tra Dio e gli uomini, che diventano così una reale comunione d'unità in Lui.
Nel numero seguente il papa ribadisce che è impensabile la divisione tra i cristiani. L'unità che Gesù ha chiesto prima della sua morte come dono

all'Amore-Dio-Padre per la sua Chiesa è stata già realizzata da Gesù, con la sua redenzione cioè con l'invio dell'Amore-Dio-Consolatore.
Questa comunione-unità è un dovere per tutta la Chiesa, Corpo di Cristo, perché non è possibile essere stati immersi con il battesimo nella morte e risurrezione di Cristo e contemporaneamente testimoniare al mondo la divisione, la disunità.
Non esiste più il muro di separazione tra Dio e gli uomini. La Chiesa non può far altro perciò che annunciare il Vangelo dell'unità a tutti. I cristiani sono realmente fratelli tra di loro nell'Amore-Dio-Uno-Trino, perché nel Cristo redentore mediante l'Amore-Dio-Consolatore sono già una cosa sola. *La divisione della Chiesa è quindi il più grande scandalo dei cristiani nei confronti di Dio e degli uomini.* I cristiani divisi perciò devono pregare e implorare insistentemente il dono dell'unità all'Amore-Dio-Uno-Trino. Così l'annuncio del Vangelo dell'unità sarà vero ed efficace: convertirà gli uomini alla salvezza della propria anima.

7. La via ecumenica: via della Chiesa (UUS 7-9)

Fondamenti biblici: Rm 5,5; Gv 17,21; 1 Gv 1,3; Ef 3,9

7. "Il Signore dei secoli, che con sapienza e pazienza persegue il disegno della sua grazia verso di noi peccatori, in questi ultimi tempi ha incominciato ad effondere con maggiore abbondanza nei cristiani tra loro separati l'interiore ravvedimento ed il desiderio dell'unione. Moltissimi uomini in ogni parte del mondo sono stati toccati da questa grazia, e anche tra i nostri fratelli separati è sorto, per impulso della grazia dello Spirito Santo, un movimento ogni giorno più ampio per il ristabilimento dell'unità di tutti i cristiani. A questo movimento per l'unità, chiamato ecumenico, partecipano quelli che invocano la Trinità e professano la fede in Gesù Signore e Salvatore, e non solo singole persone separatamente, ma anche riunite in gruppi, nei quali hanno ascoltato il Vangelo e che i singoli dicono

essere la Chiesa loro e di Dio. Quasi tutti però, anche se in modo diverso, aspirano alla Chiesa di Dio una e visibile, che sia veramente universale e mandata a tutto il mondo, perché il mondo si converta al Vangelo e così si salvi per la gloria di Dio"[6].

8. Tale affermazione del Decreto Unitatis redintegratio va letta nel contesto dell'intero magistero conciliare. Il Concilio Vaticano II esprime la decisione della Chiesa di assumere il compito ecumenico a favore dell'unità dei cristiani e di proporlo con convinzione e con vigore: "Questo Santo Concilio esorta tutti i fedeli cattolici perché, riconoscendo i segni dei tempi, partecipino con slancio all'opera ecumenica"[7]. Nell'indicare i principi cattolici dell'ecumenismo, l'Unitatis redintegratio si ricollega prima di tutto all'insegnamento sulla Chiesa della Costituzione Lumen gentium, nel suo capitolo che tratta del popolo di Dio[8]. Allo stesso tempo, esso ha presente quanto affermato dalla Dichiarazione conciliare Dignitatis humanæ sulla libertà religiosa[9]. La Chiesa cattolica accoglie con speranza l'impegno ecumenico come un imperativo della coscienza cristiana illuminata dalla fede e guidata dalla carità. Anche qui si può applicare la parola di san Paolo ai primi cristiani di Roma: "L'amore di Dio è stato riversato nei nostri cuori per mezzo dello Spirito Santo"; così la nostra "speranza non delude" (Rm 5,5). Questa è la speranza dell'unità dei cristiani, che nell'unità Trinitaria del Padre e del Figlio e dello Spirito Santo trova la sua fonte divina.

9. Gesù stesso nell'ora della sua Passione ha pregato "perché tutti siano una sola cosa" (Gv 17,21). Questa unità, che il Signore ha donato alla sua Chiesa e nella quale egli vuole abbracciare tutti, non è un accessorio, ma sta al centro stesso della sua opera. Né essa equivale ad un attributo secondario della comunità dei suoi discepoli. Appartiene invece all'essere stesso di questa comunità. Dio vuole la Chiesa, perché egli vuole l'unità e nell'unità si esprime tutta la profondità della sua agape.

Infatti, questa unità data dallo Spirito Santo non consiste semplicemente nel

confluire insieme di persone che si sommano l'una all'altra. È una unità costituita dai vincoli della professione di fede, dei sacramenti e della comunione gerarchica[10]. I fedeli sono uno perché, nello Spirito, essi sono nella comunione del Figlio e, in lui, nella sua comunione col Padre: "La nostra comunione è col Padre e col Figlio suo Gesù Cristo" (1Gv 1,3). Dunque, per la Chiesa cattolica, la comunione dei cristiani non è altro che la manifestazione in loro della grazia per mezzo della quale Dio li rende partecipi della sua propria comunione, che è la sua vita eterna. Le parole di Cristo "che tutti siano una cosa sola" sono dunque la preghiera rivolta al Padre perché il suo disegno si compia pienamente, così che risplenda "agli occhi di tutti qual è l'adempimento del mistero nascosto da secoli nella mente di Dio, Creatore dell'universo" (Ef 3,9). Credere in Cristo significa volere l'unità; volere l'unità significa volere la Chiesa; volere la Chiesa significa volere la comunione di grazia che corrisponde al disegno del Padre da tutta l'eternità. Ecco qual è il significato della preghiera di Cristo: "Ut unum sint".

Il numero sette dell'enciclica corrisponde alla parte centrale del proemio del decreto conciliare Unitatis Redintegratio. Il papa cita queste righe dell'Unitatis Redintegratio per sottolineare che la via ecumenica è la via della Chiesa nel senso che non si può essere Chiesa cattolica senza essere Chiesa ecumenica perché la ricerca dell'unità visibile è inscritta nei cromosomi della cattolicità.

Questa cattolicità, come manifestazione del carattere dell'unità, non è una dimensione della sola Chiesa cattolica ma di tutte le Chiese e Comunità che si definiscono cristiane. Ogni Chiesa cristiana è in quanto tale cattolica e persegue l'unità voluta dal Signore Gesù. Il papa mette in corsivo alcune parole del decreto conciliare, riferite al movimento ecumenico nato per opera di Dio, dalla grazia dell'Amore-Dio-Spirito Santo che ha toccato il cuore dei cristiani divisi.

Essendo cristiani, essi hanno in comune un unico Dio che è l'Amore-Dio-Trinità-

Unità e la fede in Gesù Salvatore, risorto dalla morte. Ascoltano la Parola dell'unità, il Vangelo e, in modalità diverse, tendono all'unica Chiesa di Dio, una e visibile per testimoniare agli uomini la verità su Dio e così dargli gloria.

Nel numero otto il papa dice che il proemio dell'Unitatis Redintegratio citato deve essere collocato all'interno del magistero conciliare che ha tra i suoi obiettivi il ristabilimento dell'unità visibile della Chiesa. La dimensione ecumenica è vista dal papa come un segno dei tempi e si presenta come volontà di Dio per ogni cattolico.

I principi cattolici dell'azione ecumenica, dice ancora il papa, devono essere letti alla luce di tutto il magistero conciliare sulla Chiesa mediante la categoria di Popolo di Dio presente nel secondo capitolo della Lumen Gentium, insieme al primo e al secondo numero della dichiarazione Dignitatis Humanae sulla libertà religiosa. L'impegno ecumenico è un imperativo categorico della coscienza cristiana rettamente formata e parimenti è una speranza che ha il suo fondamento nel mistero d'unità dell'Amore-Dio-Trinità.

Nel numero successivo il papa riflette sul testamento di Gesù cioè sulla preghiera di Gesù al Padre prima del suo sacrificio in croce. L'unità, dice il papa, è un dono dell'Amore-Dio-Uno-Trino affinché la Chiesa realizzi la vocazione di essere la dimora di tutti gli uomini.

La dimensione dell'unità non è un dato marginale dell'azione ecclesiale, non è un accessorio secondario ma si colloca al centro degli interessi della Chiesa: sta nel cuore stesso del suo essere. Dio vuole la comunità cristiana unita perché solo in questo modo riflette la sua vera natura, quella di essere immagine dell'Amore-Dio-Trinità-Unità.

Questa unità della Chiesa non si può concepire meramente come una somma di persone ma viene intesa come un popolo, il popolo di Dio che crede in una stessa fede, che vive gli stessi sacramenti e che sente di essere un unico Popolo mediante una stessa comunione gerarchica, che inizia con l'unità con il proprio vescovo, il quale a sua volta è in unità con il papa e gli altri vescovi.

Il papa ricorda che l'unità della Chiesa avviene in quanto i credenti sono uno nello Spirito. Se i credenti sono uno nello Spirito di Dio allora significa che sono uno nell'Amore-Dio del Figlio e in tale comunione-unità si ritrovano nella comunione-unità con l'Amore-Dio del Padre. Ciò significa, dice il papa, che per la Chiesa cattolica l'unità dei cristiani è l'espressione visibile dell'unità trinitaria. Questa dinamica teandrica della Chiesa e Dio avviene realmente mediante la grazia del suo Amore. Questa vita d'unità accade già qui nella Chiesa come una vita che non avrà fine, come esperienza anticipatrice della vita eterna che è l'eterna comunione-unità degli uomini con Dio. Le parole di Gesù al Padre non sono altro, allora, che una preghiera affinché si realizzi questo progetto dell'Amore di Dio: l'unità degli uomini tra loro e con Dio, per sempre.

Il papa termina la sua riflessione con un programma esistenziale per tutti i cristiani che descrive in semplici ma significative frasi. Credere in Cristo vuol dire credere nell'unità perché Cristo Risorto è l'unità dell'uomo e di ogni cosa creata. Credere nell'unità tra Dio e gli uomini vuol dire essere Chiesa. Essere Chiesa vuol dire realizzare il disegno eterno dell'Amore-Dio-Trinità-Unità. Questo, dice il papa, è l'autentico significato delle parole 'Ut unum sint' che coincidono con la verità di Dio sull'uomo e con la verità di Dio su tutta la creazione.

Secondo capitolo

I principi cattolici dell'ecumenismo

Per un cristiano-cattolico parlare di principi cattolici dell'ecumenismo non vuol dire che vi sia un ecumenismo cattolico parallelo agli ecumenismi delle altre Chiese ma questi principi si inseriscono, in quanto tali, all'interno di una teologia ecumenica che abbraccia, come Maria con il suo manto, la realtà della Chiesa in tutte le sue multiformi espressioni ecclesiali, da una parte nella loro pienezza di verità, come esplicitato nel magistero cattolico e dall'altra nella loro tensione alla complementarietà della verità intera sulla Chiesa, così come è stata voluta e pensata da Cristo e dal suo Spirito risorto nel corso dei secoli.
Questi principi cattolici nascono e si sviluppano all'interno della riflessione cattolica circa il rapporto tra la Chiesa stessa cattolica e il movimento ecumenico. Per tal motivo manifestano i fondamenti della Chiesa cattolica in ambito ecumenico e nello stesso tempo le possibili attuazioni che possono essere vissute dal fedele cattolico nel rapporto con gli altri fratelli cristiani.
Li possiamo scoprire partendo dalla riflessione conciliare sulla Chiesa, nei punti 8 e 14-15 della Costituzione Lumen Gentium per giungere al primo capitolo del Direttorio e finendo con il primo capitolo dell'enciclica Ut Unum Sint.

1. La Chiesa, realtà visibile e spirituale (LG 8)

8. Cristo, unico mediatore, ha costituito sulla terra e incessantemente sostenta la sua Chiesa santa, comunità di fede, di speranza e di carità [9], quale organismo visibile, attraverso il quale diffonde per tutti la verità e la grazia. Ma la società costituita di organi gerarchici e il corpo mistico di Cristo, l'assemblea visibile e la comunità spirituale, la Chiesa terrestre e la

Chiesa arricchita di beni celesti, non si devono considerare come due cose diverse; esse formano piuttosto una sola complessa realtà risultante di un duplice elemento, umano e divino [10]. Per una analogia che non è senza valore, quindi, è paragonata al mistero del Verbo incarnato. Infatti, come la natura assunta serve al Verbo divino da vivo organo di salvezza, a lui indissolubilmente unito, così in modo non dissimile l'organismo sociale della Chiesa serve allo Spirito di Cristo che la vivifica, per la crescita del corpo (cfr. Ef 4,16) [11].

Questa è l'unica Chiesa di Cristo, che nel Simbolo professiamo una, santa, cattolica e apostolica [12] e che il Salvatore nostro, dopo la sua resurrezione, diede da pascere a Pietro (cfr. Gv 21,17), affidandone a lui e agli altri apostoli la diffusione e la guida (cfr. Mt 28,18ss), e costituì per sempre colonna e sostegno della verità (cfr. 1 Tm 3,15). Questa Chiesa, in questo mondo costituita e organizzata come società, sussiste nella Chiesa cattolica, governata dal successore di Pietro e dai vescovi in comunione con lui [13], ancorché al di fuori del suo organismo si trovino parecchi elementi di santificazione e di verità, che, appartenendo propriamente per dono di Dio alla Chiesa di Cristo, spingono verso l'unità cattolica. Come Cristo ha compiuto la redenzione attraverso la povertà e le persecuzioni, così pure la Chiesa e chiamata a prendere la stessa via per comunicare agli uomini i frutti della salvezza. Gesù Cristo « che era di condizione divina... spogliò se stesso, prendendo la condizione di schiavo » (Fil 2,6-7) e per noi « da ricco che era si fece povero » (2 Cor 8,9): così anche la Chiesa, quantunque per compiere la sua missione abbia bisogno di mezzi umani, non è costituita per cercare la gloria terrena, bensì per diffondere, anche col suo esempio, l'umiltà e l'abnegazione. Come Cristo infatti è stato inviato dal Padre « ad annunciare la buona novella ai poveri, a guarire quei che hanno il cuore contrito » (Lc 4,18), « a cercare e salvare ciò che era perduto» (Lc 19,10), così pure la Chiesa circonda d'affettuosa cura quanti sono afflitti dalla umana debolezza, anzi riconosce nei poveri e nei sofferenti l'immagine del

suo fondatore, povero e sofferente, si fa premura di sollevarne la indigenza e in loro cerca di servire il Cristo. Ma mentre Cristo, « santo, innocente, immacolato » (Eb 7,26), non conobbe il peccato (cfr. 2 Cor 5,21) e venne solo allo scopo di espiare i peccati del popolo (cfr. Eb 2,17), la Chiesa, che comprende nel suo seno peccatori ed è perciò santa e insieme sempre bisognosa di purificazione, avanza continuamente per il cammino della penitenza e del rinnovamento. La Chiesa « prosegue il suo pellegrinaggio fra le persecuzioni del mondo e le consolazioni di Dio » [14], annunziando la passione e la morte del Signore fino a che egli venga (cfr. 1 Cor 11,26). Dalla virtù del Signore risuscitato trae la forza per vincere con pazienza e amore le afflizioni e le difficoltà, che le vengono sia dal di dentro che dal di fuori, e per svelare in mezzo al mondo, con fedeltà, anche se non perfettamente, il mistero di lui, fino a che alla fine dei tempi esso sarà manifestato nella pienezza della luce.

In questa fondamentale riflessione sulla Chiesa cattolica viene detto che la Chiesa è stata fondata da Cristo e da Lui sempre sostenuta come una comunità di fede, speranza e carità nell'unità visibile affinché riveli cosa sia la verità e la grazia di Dio verso gli uomini.

La Chiesa però non si esprime solo visibilmente, anzi la visibilità della Chiesa si fonda sulla sua realtà mistica in quanto Corpo soprannaturale di Cristo. Le due esperienze esistenziali, l'assemblea visibile e la comunità spirituale, non devono essere disgiunte e separate tra loro perché sono costitutive di un unico mistero ecclesiale che si dà in dimensione umana e parimenti divina.

In modo analogo al mistero di Cristo, la Chiesa vuole riflettere il mistero teandrico del suo fondatore e Signore. Come la natura umana è stata assunta dall'Amore-Dio-Figlio, quale corpo salvifico per la redenzione dell'umanità, così la comunità visibile della Chiesa viene vivificata dall'Amore-Dio-Spirito per la sua crescita in modo da realizzare il compito di essere segno e strumento d'unità tra Dio e gli uomini.

C'è un'unica Chiesa di Cristo, il quale la vuole una, santa, cattolica, apostolica. La vuole in unità con il suo vicario, Pietro, insieme agli apostoli che hanno la responsabilità di condurla, di diffonderla e di esserne perciò la colonna e il fondamento di verità che è l'Amore-Dio, uno e trino.

Questa Chiesa di Cristo risorto, così stabilita e con tali caratteristiche, la troviamo collocata e sussistente nella Chiesa cattolica che, appunto, esprime la sua unità visibile nel successore di Pietro, il papa, in comunione d'unità con i vescovi.

Ci sono al di fuori della Chiesa cattolica, nelle altre Chiese cristiane elementi di verità e di santità che, per un dono di grazia, conducono irreversibilmente e visibilmente verso l'unità cattolica nell'Amore-Dio-Trinità-Unità.

La via dell'Amore-Dio-Figlio cioè la via della povertà e della persecuzione da parte dei figli delle tenebre è in modo analogico anche la via della Chiesa, chiamata a collaborare con Dio per donare a tutti gli uomini la salvezza, la felicità eterna.

L'amore-Dio-Figlio per arricchirci del suo amore si fece povero e nostro servo. Nello stesso modo anche la sua Chiesa per diffondere il Vangelo - la Parola della verità e dell'unità - non privilegia gli strumenti umani. Predilige invece, seguendo l'esempio del suo fondatore, l'umiltà e l'abnegazione, non essendo alla ricerca dell'applauso del mondo ma solo della gloria dell'Amore-Dio-Trinità-Unità.

L'incarnazione dell'Amore-Dio-Figlio ha come primo obiettivo quello di rivelare ai poveri, agli ultimi, a coloro che cercano sinceramente la verità di Dio, ai peccatori, a coloro che sono considerati lontani da Dio, la Parola della verità e dell'unità, il Vangelo.

Anche la Chiesa ha come suo primo compito e responsabilità quello di annunciare la Parola del Vangelo e di metterla in pratica nei confronti delle categorie più povere e sofferenti. Anzi in queste persone vede l'immagine dell'Amore-del Figlio e a Lui, in quanto presente in loro, dona il proprio servizio e amore.

La differenza tra Cristo e la sua Chiesa è che Cristo, essendo l'Amore-Dio-Figlio, santo, innocente, immacolato, si è incarnato per donare la redenzione all'umanità perduta e smarrita. Mentre la Chiesa, che è nello stesso tempo santa e peccatrice, ha sempre bisogno di essere purificata con la penitenza e il rinnovamento. La Chiesa, peregrinante nella storia, continua la missione di Cristo, sapendo che il suo cammino sarà intriso di persecuzioni ma anche di consolazioni da parte dell'Amore-Dio-Trinità-Unità.
Dalla risurrezione del Figlio trae il vigore per andare avanti, certa che, mediante i doni dell'Amore-Dio-Consolatore, saprà con perseveranza superare le situazioni di difficoltà che provengono sia dall'esterno e sia dall'interno d'essa.
Grazie all'Amore-Dio che il Figlio le ha infuso cioè grazie allo Spirito Santo che è lo Spirito dell'Amore della Trinità, manifesta, anche se non in modo esaustivo ma con fedeltà indefessa, il mistero dell'Amore-Dio del Figlio affinché tale mistero si compia in modo perfetto e visibile nella pienezza dei tempi.

2. I fedeli cattolici (LG 14)

14. Il santo Concilio si rivolge quindi prima di tutto ai fedeli cattolici. Esso, basandosi sulla sacra Scrittura e sulla tradizione, insegna che questa Chiesa peregrinante è necessaria alla salvezza. Solo il Cristo, infatti, presente in mezzo a noi nel suo corpo che è la Chiesa, è il mediatore e la via della salvezza; ora egli stesso, inculcando espressamente la necessità della fede e del battesimo (cfr. Gv 3,5), ha nello stesso tempo confermato la necessità della Chiesa, nella quale gli uomini entrano per il battesimo come per una porta. Perciò non possono salvarsi quegli uomini, i quali, pur non ignorando che la Chiesa cattolica è stata fondata da Dio per mezzo di Gesù Cristo come necessaria, non vorranno entrare in essa o in essa perseverare.
Sono pienamente incorporati nella società della Chiesa quelli che, avendo lo Spirito di Cristo, accettano integralmente la sua organizzazione e tutti i mezzi di salvezza in essa istituiti, e che inoltre, grazie ai legami costituiti

dalla professione di fede, dai sacramenti, dal governo ecclesiastico e dalla comunione, sono uniti, nell'assemblea visibile della Chiesa, con il Cristo che la dirige mediante il sommo Pontefice e i vescovi. Non si salva, però, anche se incorporato alla Chiesa, colui che, non perseverando nella carità, rimane sì in seno alla Chiesa col «corpo», ma non col «cuore» [26]. Si ricordino bene tutti i figli della Chiesa che la loro privilegiata condizione non va ascritta ai loro meriti, ma ad una speciale grazia di Cristo; per cui, se non vi corrispondono col pensiero, con le parole e con le opere, non solo non si salveranno, ma anzi saranno più severamente giudicati [27].
I catecumeni che per impulso dello Spirito Santo desiderano ed espressamente vogliono essere incorporati alla Chiesa, vengono ad essa congiunti da questo stesso desiderio, e la madre Chiesa li avvolge come già suoi con il proprio amore e con le proprie cure.

Il concilio prima di tutto parla ai fedeli cattolici dicendo loro che la Chiesa, fondata sulla sacra Scrittura e Tradizione, è indispensabile per salvarsi e ottenere la vita eterna che è la vita dell'Amore-Dio-Trinità in unità con gli uomini.
La Chiesa è la via di salvezza eterna in Cristo perché solo Lui è il vero e unico sacramento di salvezza per gli uomini.
Cristo ha espressamente manifestato la necessità della fede e del battesimo. Ha rivelato quanto la Chiesa sia necessaria per la salvezza mediante la fede e il battesimo.
Gli uomini che riconoscono la funzione salvifica della Chiesa ma non vorranno esserne partecipi o che la rinnegheranno non potranno accedere alla salvezza.
Sono partecipi e appartenenti alla Chiesa coloro che vivono nell'Amore-Dio-Spirito di Cristo, ne accolgono la sua organizzazione, i suoi mezzi di salvezza, la fede, i sacramenti divinamente istituiti e si ritrovano in unità col Signore mediante l'unità con il papa in comunione con i vescovi. Colui che si sente incorporato nella Chiesa ma non vive l'esperienza dell'Amore-Dio-Trinità-Unità insieme ai suoi fratelli cioè si trova nella Chiesa esteriormente ma non

interiormente, costui non troverà la salvezza nella vita eterna.

I fedeli che seguono il Cristo Risorto nella Chiesa non devono sentirsi dei privilegiati rispetto agli altri perché ciò non deriva dai loro meriti ma proviene solo dalla grazia, aperta a tutti coloro che cercano sinceramente di vivere la volontà di Dio.

I cristiani devono impegnarsi con tutto il loro essere, il loro pensiero, la loro volontà e le loro azioni di rispondere all'Amore di Dio. Se sono solo cristiani esteriori cioè se non avranno corrisposto sinceramente all'Amore di Dio saranno giudicati più rigorosamente rispetto agli altri.

I catecumeni, che hanno colto in profondità quanto e come siano stati amati da Dio in Cristo, per la Chiesa questo stesso desiderio, suscitato in loro dallo Spirito, diventa segno di appartenenza ecclesiale e la Chiesa li sente già come suoi figli.

3. I cristiani non cattolici e la Chiesa (LG 15)

15. La Chiesa sa di essere per più ragioni congiunta con coloro che, essendo battezzati, sono insigniti del nome cristiano, ma non professano integralmente la fede o non conservano l'unità di comunione sotto il successore di Pietro [28]. Ci sono infatti molti che hanno in onore la sacra Scrittura come norma di fede e di vita, manifestano un sincero zelo religioso, credono amorosamente in Dio Padre onnipotente e in Cristo, figlio di Dio e salvatore [29], sono segnati dal battesimo, col quale vengono congiunti con Cristo, anzi riconoscono e accettano nelle proprie Chiese o comunità ecclesiali anche altri sacramenti. Molti fra loro hanno anche l'episcopato, celebrano la sacra eucaristia e coltivano la devozione alla vergine Madre di Dio [30]. A questo si aggiunge la comunione di preghiere e di altri benefici spirituali; anzi, una certa vera unione nello Spirito Santo, poiché anche in loro egli opera con la sua virtù santificante per mezzo di doni e grazie e ha dato ad alcuni la forza di giungere fino allo spargimento del sangue. Così lo

Spirito suscita in tutti i discepoli di Cristo desiderio e attività, affinché tutti, nel modo da Cristo stabilito, pacificamente si uniscano in un solo gregge sotto un solo Pastore [31]. E per ottenere questo la madre Chiesa non cessa di pregare, sperare e operare, esortando i figli a purificarsi e rinnovarsi perché l'immagine di Cristo risplenda più chiara sul volto della Chiesa.

In questo paragrafo della Lumen Gentium i Padri conciliari pensano ai cristiani che non sono cattolici. La Chiesa cattolica sa che esiste una certa unità con questi fratelli in Cristo, anche se non fanno una professione di fede piena rispetto al credo e non sono in una piena unità di comunione con il papa. Però nelle loro Chiese e Comunità ci sono molti elementi di santificazione e di spiritualità.
C'è prima di tutto in comune con questi fratelli cristiani il sacramento del battesimo che unisce tutti i credenti nel mistero della redenzione. Questi fratelli manifestano inoltre un grande amore per la Parola di Dio, la Sacra Scrittura e si caratterizzano per il senso della loro fede e per la loro esistenza morale.
Credono con sincerità al Dio-Amore-Trinità-Unità cioè nella comunione d'amore-unità trinitaria del Padre, Figlio e Spirito Santo; professano una fede radicata nell'incarnazione, passione, morte e risurrezione dell'Amore-Dio-Figlio.
Vi sono poi Chiese e Comunità ecclesiali che hanno alcuni sacramenti in comune con la Chiesa cattolica: alcuni hanno conservato il carisma episcopale, la santa Eucaristia e una profonda devozione nei confronti della Madre di Dio, la vergine Maria. C'è una reale sintonia nella preghiera e nelle grazie spirituali tale da realizzare una certa comunione nell'Amore-Dio-Spirito, il quale opera con la sua continua azione santificante tanto che alcuni di loro hanno sacrificato la loro stessa vita per Cristo.
L'Amore-Dio-Figlio opera incessantemente nel cuore di tutti i cristiani affinché secondo le sue imperscrutabili e ineffabili vie si realizzi l'agognata unità visibile.
La Chiesa cattolica perciò prega, offre, crede, spera e agisce perché i suoi figli, purificati e rinnovati dall'Amore di Dio, siano trasparenza del volto della Chiesa fatta a immagine dell'Amore-Dio del Figlio.

4. Relazione dei fratelli separati con la Chiesa cattolica (UR 3)

3. In questa Chiesa di Dio una e unica sono sorte fino dai primissimi tempi alcune scissioni (15), condannate con gravi parole dall'Apostolo (16) ma nei secoli posteriori sono nate dissensioni più ampie, e comunità considerevoli si staccarono dalla piena comunione della Chiesa cattolica, talora per colpa di uomini di entrambe le parti. Quelli poi che ora nascono e sono istruiti nella fede di Cristo in tali comunità, non possono essere accusati di peccato di separazione, e la Chiesa cattolica li circonda di fraterno rispetto e di amore. Coloro infatti che credono in Cristo ed hanno ricevuto validamente il battesimo, sono costituiti in una certa comunione, sebbene imperfetta, con la Chiesa cattolica. Sicuramente, le divergenze che in vari modi esistono tra loro e la Chiesa cattolica, sia nel campo della dottrina e talora anche della disciplina, sia circa la struttura della Chiesa, costituiscono non pochi impedimenti, e talvolta gravi, alla piena comunione ecclesiale. Al superamento di essi tende appunto il movimento ecumenico. Nondimeno, giustificati nel battesimo dalla fede, sono incorporati a Cristo (17) e perciò sono a ragione insigniti del nome di cristiani, e dai figli della Chiesa cattolica sono giustamente riconosciuti quali fratelli nel Signore (18).

Inoltre, tra gli elementi o beni dal complesso dei quali la stessa Chiesa è edificata e vivificata, alcuni, anzi parecchi ed eccellenti, possono trovarsi fuori dei confini visibili della Chiesa cattolica: la parola di Dio scritta, la vita della grazia, la fede, la speranza e la carità, e altri doni interiori dello Spirito Santo ed elementi visibili. Tutte queste cose, le quali provengono da Cristo e a lui conducono, appartengono a buon diritto all'unica Chiesa di Cristo.

Anche non poche azioni sacre della religione cristiana vengono compiute dai fratelli da noi separati, e queste in vari modi, secondo la diversa condizione di ciascuna Chiesa o comunità, possono senza dubbio produrre realmente la vita della grazia, e si devono dire atte ad aprire accesso alla comunione della salvezza.

Perciò queste Chiese (19) e comunità separate, quantunque crediamo abbiano delle carenze, nel mistero della salvezza non son affatto spoglie di significato e di valore. Lo Spirito di Cristo infatti non ricusa di servirsi di esse come di strumenti di salvezza, la cui forza deriva dalla stessa pienezza della grazia e della verità, che è stata affidata alla Chiesa cattolica.

Tuttavia i fratelli da noi separati, sia essi individualmente, sia le loro comunità e Chiese, non godono di quella unità, che Gesù Cristo ha voluto elargire a tutti quelli che ha rigenerato e vivificato insieme per formare un solo corpo in vista di una vita nuova, unità attestata dalle sacre Scritture e dalla veneranda tradizione della Chiesa. Infatti solo per mezzo della cattolica Chiesa di Cristo, che è il mezzo generale della salvezza, si può ottenere tutta la pienezza dei mezzi di salvezza. In realtà noi crediamo che al solo Collegio apostolico con a capo Pietro il Signore ha affidato tutti i tesori della Nuova Alleanza, al fine di costituire l'unico corpo di Cristo sulla terra, al quale bisogna che siano pienamente incorporati tutti quelli che già in qualche modo appartengono al popolo di Dio. Il quale popolo, quantunque rimanga esposto al peccato nei suoi membri finché dura la sua terrestre peregrinazione, cresce tuttavia in Cristo ed è soavemente condotto da Dio secondo i suoi arcani disegni, fino a che raggiunga gioioso tutta la pienezza della gloria eterna nella celeste Gerusalemme.

Come abbiamo visto precedentemente la Chiesa è nella sua realtà d'essere una e unica[5], però sin dai primi tempi sono sorti dissensi e tensioni che hanno provocato molte difficoltà al suo interno.

Nel corso dei secoli ci sono state questioni gravi che hanno addirittura prodotto vere e proprie divisioni. Ricordiamo le Chiese che sono sorte dalle incomprensioni teologiche relative ai primi concili, o lo scisma ortodosso o quello che inizia con Lutero, per dire i più rilevanti dal punto di vista storico.

La responsabilità di queste gravi fratture è da riferirsi agli uomini di entrambe le

[5] Il commento sulla Chiesa come una e unica è stato svolto nel primo capitolo.

parti. Ogni uomo, anche se battezzato, porta con sé le conseguenze della disunità provocate dal peccato delle origini.

I cristiani delle altre Chiese e Comunità che sono nati e cresciuti dopo questi scismi non hanno la responsabilità diretta di tali lacerazioni. La Chiesa cattolica nutre per loro un sincero e affettuoso rispetto in quanto fratelli e sorelle in Cristo Gesù.

Gli altri cristiani credono nei due misteri fondamentali del cristianesimo, l'Unità e la Trinità di Dio e nella incarnazione, passione, morte e risurrezione dell'Amore-Dio-Figlio. Hanno ricevuto in modo corretto il battesimo. Sono legati perciò alla Chiesa cattolica anche se in modo imperfetto cioè si ritrovano in una comunione che non è ancora piena. Questa comunione imperfetta è dovuta alle divergenze relative alla dottrina, alla disciplina, alla struttura ecclesiale al punto che queste realtà sono motivo di impedimento alla perfetta comunione.

Il movimento ecumenico ha come obiettivo il superamento di tali difficoltà. I fratelli battezzati delle altre Chiese sono incorporati in Cristo e per questo dono comune sono giustamente ritenuti fratelli nel Signore Gesù dai cristiani-cattolici. Ci sono poi da considerare alcuni beni che sono per se stessi essenziali all'edificazione della Chiesa e che ritroviamo in modo esplicito anche al di fuori del contesto cattolico.

Questi elementi benefici per la Chiesa tutta sono la Parola di Dio, la grazia, la fede, la speranza, la carità, i vari doni dello Spirito elargiti dall'amore trinitario e i beni visibili. Cristo è la sorgente di questi doni perciò essi appartengono ipso facto alla sua unica Chiesa.

Dobbiamo ricordare che molte azioni sacre che si svolgono all'interno di queste realtà ecclesiali non cattoliche, tenendo conto delle diverse modalità espressive presenti in esse, producono realmente la vita di grazia e sono perciò vie che aprono alla salvezza.

Sebbene queste Chiese e Comunità cristiane non presentino visibilmente la pienezza ecclesiale sono, nel Signore risorto, operatrici di salvezza per coloro che vi appartengono. L'Amore-Dio-Spirito con i suoi doni di grazia si serve di esse per assicurare l'azione salvifica, sapendo che questa stessa azione salvifica proviene dalla pienezza ecclesiale di grazia e di verità che è stata elargita alla Chiesa cattolica.

Queste Chiese e Comunità che non sono cattoliche sia per l'aspetto individuale sia per l'aspetto comunitario mancano di quell'unità che lo Spirito dell'Amore-Dio-del Figlio ha profuso a tutti coloro che hanno vissuto l'esperienza di essere un corpo solo nell'unità, unità che è testimoniata dalla Sacre Scritture e dalla storia della Chiesa.

Solo la Chiesa cattolica si presenta al mondo come lo *strumento generale* in cui si trova in modo pieno e completo lo splendore della pienezza salvifica. Solo al collegio apostolico, in unità con il successore di Pietro, l'Amore-Dio-Figlio ha donato tutti gli strumenti salvifici dei tesori della nuova alleanza proprio per formare l'unica chiesa di Cristo alla quale sono innestati ineffabilmente anche coloro che, mediante altre esperienze ecclesiali salvifiche, sono già membri dell'unico popolo di Dio.

Questo popolo di Dio è costituito da coloro che sono ancora soggetti nella carne alla debolezza del peccato ma nello stesso tempo sono sorretti e corroborati dalla grazia dell'Amore-Dio-Spirito. Spirito di Dio che, in modo misterioso ma deciso, li conduce verso la pienezza della gioia, verso la vita senza tramonto della Gerusalemme celeste.

5. L'ecumenismo (UR 4)

4. Siccome oggi, sotto il soffio della grazia dello Spirito Santo, in più parti del mondo con la preghiera, la parola e l'azione si fanno molti sforzi per avvicinarsi a quella pienezza di unità che Gesù Cristo vuole, questo santo Concilio esorta tutti i fedeli cattolici perché, riconoscendo i segni dei tempi, partecipino con slancio all'opera ecumenica.

Per « movimento ecumenico » si intendono le attività e le iniziative suscitate

e ordinate a promuovere l'unità dei cristiani, secondo le varie necessità della Chiesa e secondo le circostanze. Così, in primo luogo, ogni sforzo per eliminare parole, giudizi e opere che non rispecchiano con giustizia e verità la condizione dei fratelli separati e perciò rendono più difficili le mutue relazioni con essi. Poi, in riunioni che si tengono con intento e spirito religioso tra cristiani di diverse Chiese o comunità, il « dialogo » condotto da esponenti debitamente preparati, nel quale ognuno espone più a fondo la dottrina della propria comunione e ne presenta con chiarezza le caratteristiche. Infatti con questo dialogo tutti acquistano una conoscenza più vera e una stima più giusta della dottrina e della vita di ogni comunione. Inoltre quelle comunioni vengono a collaborare più largamente in qualsiasi dovere richiesto da ogni coscienza cristiana per il bene comune, e possono anche, all'occasione, riunirsi per pregare insieme. Infine, tutti esaminano la loro fedeltà alla volontà di Cristo circa la Chiesa e, com'è dovere, intraprendono con vigore l'opera di rinnovamento e di riforma.

Tutte queste cose, quando con prudenza e costanza sono compiute dai fedeli della Chiesa cattolica sotto la vigilanza dei pastori, contribuiscono a promuovere la giustizia e la verità, la concordia e la collaborazione, la carità fraterna e l'unione. Per questa via a poco a poco, superati gli ostacoli frapposti alla perfetta comunione ecclesiale, tutti i cristiani, nell'unica celebrazione dell'eucaristia, si troveranno riuniti in quella unità dell'unica Chiesa che Cristo fin dall'inizio donò alla sua Chiesa, e che crediamo sussistere, senza possibilità di essere perduta, nella Chiesa cattolica, e speriamo che crescerà ogni giorno più fino alla fine dei secoli.

È chiaro che l'opera di preparazione e di riconciliazione delle singole persone che desiderano la piena comunione cattolica, si distingue, per sua natura, dall'iniziativa ecumenica; non c'è però tra esse alcuna opposizione, poiché l'una e l'altra procedono dalla mirabile disposizione di Dio.

I fedeli cattolici nell'azione ecumenica si mostreranno senza esitazione pieni di sollecitudine per i loro fratelli separati, pregando per loro, parlando con

loro delle cose della Chiesa, facendo i primi passi verso di loro. E innanzi tutto devono essi stessi con sincerità e diligenza considerare ciò che deve essere rinnovato e realizzato nella stessa famiglia cattolica, affinché la sua vita renda una testimonianza più fedele e più chiara della dottrina e delle istituzioni tramandate da Cristo per mezzo degli apostoli.

Infatti, benché la Chiesa cattolica sia stata arricchita di tutta la verità rivelata da Dio e di tutti i mezzi della grazia, tuttavia i suoi membri non se ne servono per vivere con tutto il dovuto fervore. Ne risulta che il volto della Chiesa rifulge meno davanti ai fratelli da noi separati e al mondo intero, e la crescita del regno di Dio ne è ritardata. Perciò tutti i cattolici devono tendere alla perfezione cristiana (20) e sforzarsi, ognuno secondo la sua condizione, perché la Chiesa, portando nel suo corpo l'umiltà e la mortificazione di Gesù (21), vada di giorno in giorno purificandosi e rinnovandosi, fino a che Cristo se la faccia comparire innanzi risplendente di gloria, senza macchia né ruga (22).

Nella Chiesa tutti, secondo il compito assegnato ad ognuno sia nelle varie forme della vita spirituale e della disciplina, sia nella diversità dei riti liturgici, anzi, anche nella elaborazione teologica della verità rivelata, pur custodendo l'unità nelle cose necessarie, serbino la debita libertà; in ogni cosa poi pratichino la carità. Poiché agendo così manifesteranno ogni giorno meglio la vera cattolicità e insieme l'apostolicità della Chiesa.

D'altra parte è necessario che i cattolici con gioia riconoscano e stimino i valori veramente cristiani, promananti dal comune patrimonio, che si trovano presso i fratelli da noi separati. Riconoscere le ricchezze di Cristo e le opere virtuose nella vita degli altri, i quali rendono testimonianza a Cristo talora sino all'effusione del sangue, è cosa giusta e salutare: perché Dio è sempre mirabile e deve essere ammirato nelle sue opere.

Né si deve dimenticare che quanto dalla grazia dello Spirito Santo viene compiuto nei fratelli separati, può pure contribuire alla nostra edificazione. Tutto ciò che è veramente cristiano, non è mai contrario ai beni della fede ad

esso collegati, anzi può sempre far sì che lo stesso mistero di Cristo e della Chiesa sia raggiunto più perfettamente.

Tuttavia le divisioni dei cristiani impediscono che la Chiesa realizzi la pienezza della cattolicità a lei propria in quei figli che le sono certo uniti col battesimo, ma sono separati dalla sua piena comunione. Inoltre le diventa più difficile esprimere sotto ogni aspetto la pienezza della cattolicità nella realtà della vita.

Questo santo Concilio costata con gioia che la partecipazione dei fedeli all'azione ecumenica cresce ogni giorno, e la raccomanda ai vescovi d'ogni parte della terra, perché sia promossa solertemente e sia da loro diretta con prudenza.

I padri conciliari riconoscono che oggi l'azione dell'Amore-Dio-Spirito conduce i cristiani delle Chiese a promuovere l''unità visibile dell'unica Chiesa di Cristo mediante l'intercessione al Padre con la preghiera, il dialogo fraterno e la collaborazione per il bene comune. Invitano tutti i cristiani cattolici a leggere i segni dei tempi della storia contemporanea così da intraprendere con generosità e con preparazione teologica la strada dell'edificazione della casa comune ecumenica.

Il movimento ecumenico si può definire come quel movimento in cui si mettono in moto iniziative e azioni per sviluppare e rafforzare l'unità fra i cristiani, rispettando sempre la volontà di Dio in base alle esigenze e ai momenti della Chiesa in ogni particolare situazione storica.

Prima di tutto si tratta di togliere le parole, i sentimenti di giudizio e le azioni che non riflettono in modo veritativo e giusto le situazioni degli altri fratelli cristiani affinché i rapporti con loro siano improntati alla fraternità e alla sincerità, avendo come riferimento la figura e i sentimenti che furono in Cristo Gesù.

Quando ci si incontra tra cristiani questo dovrebbe avvenire in un contesto di mutua e continua carità. Sulla base di questa esperienza d'amore il dialogo teologico dovrebbe essere svolto da persone preparate che espongono i principi della dottrina della propria Chiesa in modo chiaro e comprensibile agli altri

cristiani. Se venisse attuato questo tipo di dialogo ciò porterebbe ad una conoscenza più autentica e a una più profonda e reciproca comprensione delle caratteristiche dottrinali e di vita delle altre Chiese e Comunità cristiane.
La conoscenza reciproca aprirebbe ad una maggiore collaborazione attiva tra i fedeli in vista del bene comune e alla possibilità della preghiera in comune in Cristo Gesù.
Se la realtà dell'Amore-Dio del Figlio sarà presente tra due o più persone che sono unite nel suo Amore cioè nell'Amore-Dio-Spirito (Mt 18,20) allora i cristiani potranno prendere coscienza della loro fedeltà alla chiamata di Gesù nei confronti della sua Chiesa e potranno, con vigore e slancio, sviluppare tutte quelle iniziative che nel Suo nome serviranno a rinnovare e a riformare gli strumenti ecclesiali di testimonianza del Vangelo.
Quando i cristiani cattolici, sempre in unità con i loro pastori, daranno vita a questi incontri nella carità con gli altri fedeli, ciò farà aumentare la verità, la giustizia, la concordia, la collaborazione in vista dell'unità visibile dell'unica Chiesa di Cristo.
Se si avvierà una tale dinamica ecumenica gli ostacoli e le divisioni potranno sparire e l'agognata comunione porterà alla celebrazione dell'unico calice eucaristico, segno e garanzia dell'unità desiderata da Gesù prima della sua morte. Unità da Lui donata alla Chiesa cattolica e che, nello Spirito del Cristo risorto, maturerà sempre più verso la sua pienezza d'unità, grazie alla reciprocità d'amore delle altre Chiese, sino al suo compimento finale.
Una cosa, però, è parlare di sensibilità e di maturazione verso la piena comunione-unità da parte di singoli cristiani che sentono profondamente l'anelito all'unità cattolica; un'altra è, invece, riconoscere l'attività propriamente ecumenica che ha in se stessa un'essenza comunitaria ed ecclesiale. Le due dimensioni devono essere viste nella loro reciprocità e complementarietà perché ambedue derivano dalla volontà di Dio che si esprime sia a livello di singole individualità sia a livello comunitario cioè come realtà ecclesiale-ecumenica.
I cristiani della Chiesa cattolica prenderanno l'iniziativa, senza attendersi che

siano gli altri a fare il primo passo, nei confronti dei loro fratelli in Cristo. Prima di tutto, pregheranno per loro. Poi li incontreranno, conoscendo in modo rispettoso e leale le loro realtà ecclesiali. Inoltre, i cattolici dovranno, proprio per iniziare un fecondo dialogo ecumenico con gli altri fratelli cristiani, verificare la situazione della propria Chiesa; impegnarsi attivamente e con sollecitudine al rinnovamento e all'aggiornamento della sua vita affinché appaia sempre più corrispondente alle attese e alle esigenze di Gesù Cristo e alle sollecitudini e ispirazioni dello Spirito Santo, che incessantemente l'anima e la conduce.

Anche se l'Amore-Dio-Spirito del Figlio ha profuso nella Chiesa cattolica la pienezza di vita della verità e degli strumenti della grazia da Lui desiderate, purtroppo in essa i fedeli cattolici non riescono, sempre e in egual misura, a rispondere in modo proficuo e attivo a tutto ciò. L'immagine allora della Chiesa cattolica non si rivela in modo genuino e puro ai fratelli cristiani e agli altri uomini. La presenza dell'Amore-Dio-Trinità viene perciò offuscata e compromessa nella sua verità e nella sua interezza. E' dovere imprescindibile per i cattolici impegnarsi con tutte le loro forze nell'adempiere la volontà di Dio. La volontà di Dio consiste in una maggiore adesione ad un cammino di santità nell'Amore-Dio-Spirito e favorire così un'autentica purificazione e un vero rinnovamento della Chiesa affinché prenda coscienza sempre più della vocazione alla quale Cristo dall'eternità l'ha chiamata cioè essere la sposa senza macchia e senza ruga del Signore risorto. Quando nella Chiesa ci sono in gioco il rispetto delle diversità spirituali e disciplinari, le espressioni dei riti liturgici e la ricerca teologica della verità rivelata, tutti i cristiani sono interpellati dal Signore a rimanere fedeli all'unità essenziale, pur nella libertà dovuta, mantenendo una mutua e continua carità, senza la quale non c'è vita cristiana.

La carità reciproca ha come verità espressiva di vita e di grazia l'unità trinitaria nella libertà dell'amore stesso trinitario. Unità che si rivela visibilmente nello spazio come vera cattolicità ecclesiale e nel tempo come autentica apostolicità della Chiesa tutta.

È molto importante che i fedeli cattolici sappiano conoscere e apprezzare, con verità e umiltà, i doni autenticamente cristiani nati dalla comune origine, che è il Cristo Signore e che si sono sviluppati nel corso della storia nelle altre Chiese cristiane.

Questo patrimonio cristiano presente nella altre realtà ecclesiali deriva dall'Amore-Dio- Spirito del Figlio e rende testimonianza della bellezza e della varietà dei carismi spirituali. In queste Chiese l'amore per Gesù Cristo si è espresso persino con il martirio. L'azione dell'Amore-Dio-Uno-Trino va oltre le singole comunità ecclesiali e abbraccia in modo mirabile e ineffabile l'umanità che in tal modo rivela la presenza del mistero di Dio. Inoltre queste azioni realizzate in seno alle altre comunità ecclesiali sono per i cristiani cattolici un segno e un aiuto per la crescita nella conoscenza e nell'unità con il Signore Gesù. Tutto quello che deriva dallo Spirito del Risorto presente in tali comunità è cristiano e contribuisce all'edificazione della fede e della Chiesa tutta intera. Esso rivela la multiforme varietà del mistero di Cristo e conduce nello stesso tempo a Cristo.Però le divisioni tra i cristiani non esprimono la cattolicità ecclesiale in senso compiuto. Non rivelano una pienezza d'unità specialmente per quanto riguarda la manifestazione della cattolicità nella realtà. Tuttavia dobbiamo dire che nella Chiesa cattolica c'è una maggior sensibilità e partecipazione ecumenica che ogni vescovo deve promuovere ma anche prudentemente dirigere.

6. La ricerca dell'unità dei cristiani

Mediante il Direttorio per l'applicazione dei principi e delle norme sull'ecumenismo[6,] approvato il 25 marzo del 1993 da san Giovanni Paolo II, continuiamo il nostro approfondimento sui principi cattolici dell'ecumenismo, limitando la nostra riflessione al primo capitolo dal titolo 'La ricerca dell'unità dei cristiani'. Esso sottolinea che la promozione dell'ecumenismo avviene attraverso l'attuazione concreta dei principi dottrinali espressi dal Concilio Vaticano II.

6.1 Introduzione (DE 9-10)

9. Il movimento ecumenico intende essere una risposta al dono della grazia di Dio, chiamando tutti i cristiani alla fede nel mistero della Chiesa, secondo il disegno di Dio che vuole condurre l'umanità alla salvezza e all'unità in Cristo mediante lo Spirito santo. Questo movimento chiama i cristiani alla speranza che si realizzi pienamente la preghiera di Gesù «perché tutti siano una sola cosa» [9]. Li chiama a quella carità che è il comandamento nuovo di Cristo e il dono per mezzo del quale lo Spirito santo unisce tutti i fedeli. Il concilio Vaticano II ha esplicitamente chiesto ai cattolici di abbracciare nel loro amore tutti i cristiani con una carità che anela a superare, nella verità, ciò che li divide e attivamente si impegna a farlo; essi devono operare sperando e pregando per la promozione dell'unità dei cristiani; la loro fede nel mistero della Chiesa li stimola e li illumina in maniera tale che la loro azione ecumenica possa essere ispirata e guidata da una vera comprensione della Chiesa che è in Cristo come «sacramento, cioè segno e strumento dell'intima unione con Dio e dell'unità di tutto il genere umano» [10].

---

[6] Il Direttorio per l'applicazione dei principi e delle norme sull'ecumenismo è abbreviato in DE.

10. L'insegnamento della Chiesa sull'ecumenismo, così come l'incoraggiamento a sperare e l'invito ad amare, trovano un'espressione ufficiale nei documenti del concilio Vaticano II e in particolare nella *Lumen gentium* e *nell'Unitatis redintegratio.* I documenti successivi che hanno per oggetto l'attività ecumenica nella Chiesa, ivi compreso il *Direttorio ecumenico* (1967 e 1970), si basano sui principi dottrinali, spirituali e pastorali enunciati nei documenti del Concilio. Essi hanno approfondito alcuni argomenti cui si fa cenno nei documenti conciliari, hanno sviluppato una terminologia teologica ed hanno impartito norme d'azione più dettagliate, pur sempre interamente basate sull'insegnamento del Concilio stesso. Tutto ciò offre un insieme di insegnamenti le cui grandi linee saranno esposte in questo capitolo. Tali insegnamenti costituiscono il fondamento del presente Direttorio.

Con la nascita del movimento ecumenico tutti i cristiani vogliono rispondere all'Amore del Dio Uno-Trino, che li interpella a intraprendere la via dell'unità. Dio vuole realizzare il suo disegno salvifico: ricondurre ogni cosa in Cristo.

Vivere lo spirito del movimento ecumenico vuol dire allora credere che la preghiera di Gesù al Padre, prima della sua cattura e morte (Gv 17,1-26), corrisponda alla realtà dell'Amore-Dio-Uno-Trino. Contemporaneamente questa realtà trinitaria dell'unità di Dio, rivelata dal Cristo, deve essere resa visibile al mondo dai cristiani.

Perciò Dio chiama i cristiani di tutte le Chiese a vivere il comandamento di Gesù (Gv 15, 12-14). Vivendo il comandamento dell'amore di Cristo, Lui si rende presente e attua in modo visibile la tanto agognata unità.

Il concilio Vaticano II sprona i cattolici ad amare in Cristo gli altri fratelli cristiani affinché con la preghiera e la collaborazione reciproca la presenza del Signore risorto compia l'unità.

In Lui, che è la Verità, le tensioni e le questioni che ancora dividono le Chiese possono essere superate. Così potrà risplendere il volto senza macchie e senza rughe della sua Chiesa. Il concilio Vaticano II aveva tra gli obiettivi principali proprio il ristabilimento dell'unità fra i cristiani. Il decreto Unitatis Redintegratio e la Lumen Gentium ne hanno espresso i principi dottrinali, spirituali, le modalità pastorali che sono stati poi raccolti e approfonditi nei successivi documenti sull'ecumenismo. In questi documenti, tra cui il Direttorio del 1967 e 1970, tali principi sono stati chiarificati in modo più dettagliato e sono la base e il fondamento degli insegnamenti del direttorio attuale.

6.2 La chiesa e la sua unità nel piano di Dio (DE 11-12)

11. Il Concilio colloca il mistero della Chiesa nel mistero della sapienza e della bontà di Dio, il quale attira tutta la famiglia umana ed anche l'intera creazione all'unità in lui [11]. A tal fine, Dio ha mandato nel mondo il suo Figlio Unigenito, che, innalzato sulla croce e poi entrato nella gloria, effuse lo Spirito santo, per mezzo del quale convoca e riunisce nell'unità della fede, della speranza e della carità il popolo della Nuova Alleanza che è la Chiesa. Per fondare in ogni luogo la Chiesa santa fino alla fine dei secoli, Cristo affidò il compito di insegnare, governare e santificare al collegio dei Dodici, al quale diede Pietro come capo. «Gesù Cristo per mezzo della fedele predicazione del Vangelo, dell'amministrazione dei sacramenti e del governo esercitato nell'amore da parte degli apostoli e dei loro successori sotto l'azione dello Spirito santo, vuole che il suo popolo cresca e sia perfezionata la sua comunione nell'unità» [12]. Il Concilio presenta la Chiesa come il nuovo popolo di Dio, che in sé riunisce, con tutte le ricchezze della loro diversità, uomini e donne di ogni nazione e di ogni cultura, dotati di multiformi doni di natura e di grazia, posti a servizio gli uni degli altri, e consapevoli d'essere mandati nel mondo per la sua salvezza [13]. Essi accolgono nella fede la Parola di Dio, sono battezzati in Cristo, confermati nello Spirito della Pentecoste e celebrano insieme il sacramento del corpo e del sangue di Cristo nell'Eucaristia:

«Lo Spirito santo, che abita nei credenti e riempie e regge tutta la Chiesa, produce la meravigliosa comunione dei fedeli e tanto intimamente tutti unisce in Cristo, da essere il principio dell'unità della Chiesa. Egli opera la varietà delle grazie e dei servizi e arricchisce con vari doni la Chiesa di Gesù Cristo, "organizzando i santi per compiere l'opera del servizio e per la edificazione del Corpo di Cristo"» [14].

12. A servizio del popolo di Dio, per la sua comune vita di fede e sacramentale, sono posti i ministri ordinati: vescovi, presbiteri e diaconi [15]. In tal modo, unito dal triplice legame della fede, della vita sacramentale e del ministero gerarchico, tutto il popolo di Dio realizza ciò che la tradizione di fede dal Nuovo Testamento in poi [16] ha sempre chiamato la koinonia/comunione. È, questo, il concetto chiave che ha ispirato l'ecclesiologia del concilio Vaticano II [17] ed al quale il recente insegnamento del Magistero ha dato una grande importanza.

Il Direttorio sintetizza la riflessione dei padri conciliari, dichiarando che il mistero della Chiesa trova origine nel mistero della sapienza dell'Amore-Dio-Uno-Trino affinché l'umanità, insieme alla creazione redenta, si ritrovi in unità con Dio stesso.

Per questo l'Amore-Dio-Figlio si è incarnato, è morto, è risorto, donando il suo Spirito per fare l'unità del popolo di Dio, che è la Chiesa riunita nella fede, nella speranza e nella carità di Dio.

Gesù Cristo ha affidato agli apostoli il compito di insegnare, di governare e di santificare. Tutto ciò deve avvenire in unità con Pietro, il vicario di Cristo, perché mediante questa unità la Chiesa viene realizzata in ogni angolo della terra sino alla fine dei tempi. In un certo senso gli apostoli e i loro successori hanno testimoniato e testimoniano di essere come lo scheletro della Chiesa, la quale cresce e si perfeziona come il bel corpo di Cristo cioè come una comunione divino-umana nell'unità trinitaria. La Chiesa si presenta come il popolo di Dio che crede nel Dio-Amore-Uno-Trino, il quale raccoglie gli uomini di diverse

culture e nazionalità con multiformi carismi di grazia e di natura. In tal modo Dio realizza, mediante anche il loro contributo, la salvezza, la felicità eterna.
Per portare questo dono di salvezza agli uomini che non la conoscono, i fedeli vengono battezzati nell'Amore-Dio del Figlio, confermati con la grazia dell'Amore-Dio-Consolatore e vivono l'incontro con l'Amore-Dio-Figlio nell'Eucaristia, che è il sacramento della vera unità.
Con la grazia dell'Amore-Dio-Consolatore, Colui che fa l'unità, si realizza la comunione nella diversità dei carismi e dei ministeri. In questo modo il Dio-Uno-Trino ordina la carità in vista della costruzione e dello sviluppo della sua Chiesa.
Allora, come si diceva, il ministero ordinato ha la funzione di essere la struttura portante, lo scheletro del corpo di Cristo. Così la vita di fede e la vita sacramentale dei fedeli viene innestata nella comunione-unità di tutta la Chiesa. È questa l'ecclesiologia di comunione che è il criterio ermeneutico fondamentale per leggere i documenti del concilio Vaticano II.

6.3 La chiesa come comunione (DE 13-17)

13. La comunione nella quale i cristiani credono e sperano è, nella sua realtà più profonda, la loro unità con il Padre per Cristo nello Spirito santo. Dopo la Pentecoste essa è donata e ricevuta nella Chiesa, comunione dei santi. Ha il suo pieno compimento nella gloria del cielo, ma si realizza già nella Chiesa sulla terra mentre cammina verso quella pienezza. Coloro che vivono uniti nella fede, nella speranza e nella carità, nel servizio vicendevole, nell'insegnamento comune e nei sacramenti, sotto la guida dei loro Pastori [18], hanno parte alla comunione che costituisce la Chiesa di Dio. Tale comunione concretamente si realizza nelle Chiese particolari, ognuna delle quali è riunita attorno al proprio Vescovo. In ciascuna di esse «è veramente presente e agisce la Chiesa di Cristo, una, santa, cattolica ed apostolica»

[19]. Tale comunione, per sua stessa natura, è perciò universale.

14. La comunione tra le Chiese si conserva e si esprime specialmente attraverso la comunione tra i loro vescovi. Insieme essi formano un collegio, che succede al collegio apostolico e ha come suo capo il Vescovo di Roma, quale successore di Pietro [20]. Così i vescovi garantiscono che le Chiese di cui sono i ministri continuano l'unica Chiesa di Cristo, fondata sulla fede e sul ministero degli apostoli. Essi coordinano le energie spirituali e i doni dei fedeli e delle loro associazioni, in vista dell'edificazione della Chiesa e del pieno esercizio della sua missione.

15. Ogni Chiesa particolare, unita in se stessa e nella comunione della Chiesa una, santa, cattolica ed apostolica, è mandata in nome di Cristo e per la potenza dello Spirito a portare il Vangelo del Regno ad un sempre maggior numero di persone, offrendo loro la comunione con Dio. Accogliendola, tali persone entrano anche in comunione con tutti coloro che già l'hanno ricevuta e, con essi, sono costituiti in un'autentica famiglia di Dio. Con la sua unità, questa famiglia testimonia la comunione con Dio. Proprio in questa missione della Chiesa si realizza la preghiera di Gesù; egli infatti ha pregato «perché tutti siano una sola cosa. Come tu, Padre, sei in me e io in te, siano anch'essi in noi una cosa sola, perché il mondo creda che tu mi hai mandato» [21].

16. La comunione all'interno delle Chiese particolari e tra loro è un dono di Dio. La si deve accogliere con gioia e gratitudine, e coltivare con cura. Essa è custodita particolarmente da coloro che sono chiamati a esercitare nella Chiesa il ministero di pastore. L'unità della Chiesa si realizza nel contesto di una ricca diversità. La diversità è una dimensione della cattolicità della Chiesa. La ricchezza stessa ditale diversità può, tuttavia, generare tensioni nella comunione. Ma, nonostante queste tensioni, lo Spirito continua ad agire nella Chiesa chiamando i cristiani, nella loro diversità, ad una sempre più profonda unità.

17. I cattolici conservano la ferma convinzione che l'unica Chiesa di Cristo

sussiste nella Chiesa cattolica, «governata dal successore di Pietro e dai vescovi in comunione con lui» [22]. Essi confessano che la totalità della verità rivelata, dei sacramenti e del ministero, dati da Cristo per l'edificazione della sua Chiesa e per il compimento della missione che le è propria, si trova nella comunione cattolica della Chiesa. Certo, i cattolici sono consapevoli di non aver vissuto e di non vivere personalmente in pienezza dei mezzi di grazia di cui la Chiesa è dotata. Malgrado tutto, la loro fiducia nella Chiesa non viene mai meno. La fede dà loro la certezza che essa permane «degna sposa del suo Signore» e non cessa, «sotto l'azione dello Spirito santo, di rinnovare se stessa, finché attraverso la croce giunga alla luce che non conosce tramonto» [23]. Quando perciò i cattolici usano le parole «Chiese», «altre Chiese», «altre Chiese e comunità ecclesiali», ecc., per designare coloro che non sono in piena comunione con la Chiesa cattolica, si deve sempre tener conto di questa ferma convinzione e confessione di fede.

La realtà di comunione che vivono i cristiani nella Chiesa si rivela come una comunione con il Padre, grazie a Cristo, nello Spirito Santo. È cioè una comunione-unità con l'Amore-Dio-Trinità-Unità. Questa comunione-unità è un dono dell'Amore-Dio-Consolatore avvenuta nel giorno di Pentecoste. La Pentecoste si pone allora nella storia come il luogo d'origine della comunione-unità della Chiesa.

Questa esperienza di comunione-unità troverà il suo pieno compimento nella gloria celeste ma, già da ora, è possibile sperimentarla proprio perché si palesa come l'essere stesso della Chiesa che cammina verso il paradiso.

I cristiani già da ora sperimentano questa comunione-unità vivendo la grazia della fede, della speranza e della carità, dell'amore vicendevole voluto da Cristo, dell'obbedienza alla Parola del Vangelo, del dono dei sacramenti e della fedeltà ai loro pastori. Questa comunione-unità è presente nella realtà della Chiesa particolare come comunione-unità con il proprio vescovo. In questa comunione-

unità con il proprio vescovo è Cristo stesso che agisce facendo la Chiesa, che è una, santa, cattolica e apostolica.
Questa comunione-unità con la Chiesa locale è nello stesso tempo di tipo universale. Essere in unità con il proprio vescovo significa essere in unità con il collegio dei vescovi della Chiesa universale, i quali, a loro volta, sono in unità con il vescovo di Roma, che rappresenta visibilmente l'unità della Chiesa nella figura di Pietro. Tutto questo è garanzia della continuità temporale con la chiesa apostolica fondata appunto sulla fede e sul servizio di Pietro e degli apostoli. Questo è il criterio per cogliere la verità della Chiesa come unica Chiesa di Cristo, come Chiesa fondata da Cristo stesso su Pietro, che si pone perciò come il vicario di Cristo della comunione-unità di tutta la Chiesa. Nella Chiesa locale i vescovi sublimano le realtà spirituali di vita e di fede dei fedeli di quel luogo affinché le anime di questi credenti possano salvarsi e ricevere il dono della vita eterna.
Se una Chiesa locale è una in se stessa e nello stesso tempo è in unità di comunione con tutta la Chiesa universale, la sua missione è quella di annunciare a più persone possibile l'Amore di Dio-Trinità-Unità in modo tale che, sentendosi amati da questo Dio, anche costoro entrino nella comunione-unità una, santa, cattolica e apostolica.
Essendo perciò in unità con coloro che già l'hanno accolta nel tempo e nello spazio, questa comunione-unità assume la fisionomia e le caratteristiche della famiglia di Dio: si pone come esperienza di fraternità tra fratelli e sorelle che hanno scoperto nell'Amore-Dio del Padre la loro origine e la loro identità.
Questa è la verità della testimonianza della comunione-unità. In ciò si realizza la vocazione della Chiesa per la quale Gesù ha pregato il Padre prima di morire: la comunione-unità in vista della fede nell'Amore-Dio-Uno-Trino da parte degli uomini.
La comunione della Chiesa universale che si esprime come comunione-unità di una singola Chiesa locale e come comunione-unità con le altre Chiese locali avviene solo per merito di un dono della grazia dell'Amore di Dio.

Non c'è altro da fare allora che ringraziare Dio per questo dono, svilupparlo e curarlo con sollecitudine e amore. Questa comunione-unità è affidata a tutti i fedeli. Però è al carisma ministeriale che Dio ha affidato il compito di proteggerla e di corroborarla. Il servizio ministeriale è stato voluto da Cristo come la struttura, come lo scheletro su cui costruire il corpo della Chiesa. La comunione-unità nasce, si sviluppa e trova il suo pieno compimento in una ricca e variegata pluralità di doni e carismi. Nella Chiesa questa legittima diversità caratterizza sia l'essere come il divenire di questa comunione-unità.

Questo insieme di doni e carismi, quando si trasforma in ambigua uniformità, genera e provoca difficoltà, fatiche e tensioni nell'edificazione della comunione-unità.

Per questo è necessaria una costante azione dell'Amore-Dio-Spirito che compone in unità le giuste differenze di ogni singola identità ecclesiale e porta la Chiesa di Cristo a essere sempre più una nell'Amore-Dio-Uno-Trino.

I fedeli cattolici sostengono che la verità dell'autenticità della Chiesa, voluta e fondata direttamente da Cristo Signore, si trovi nella Chiesa cattolica. Infatti ha in sé la struttura portante del suo corpo cioè la continuità apostolica che ha come centro d'unità il vicario di Pietro.

I cattolici credono che il deposito autentico trasmesso da Cristo stesso cioè la verità rivelata, l'edificazione dei sacramenti e del carisma ministeriale si attuino nella comunione-unità della Chiesa cattolica romana.

Nello stesso tempo i cattolici sono coscienti di non aver corrisposto pienamente nel corso della storia ai doni della grazia elargiti loro affinché si realizzasse il bel volto dell'unica Chiesa di Cristo. Tuttavia non perdono la fede nella Chiesa, sostenuta e costantemente vivificata dall'Amore-Dio-Consolatore, che sempre la rinnova perché appaia sempre di più come la vera sposa luminosa e casta del Signore Gesù.

Perciò quando si parla di Chiese o comunità ecclesiali degli altri fratelli cristiani, dobbiamo ricordare questa visione di fede che i cattolici romani professano nei riguardi della propria Chiesa.

6.4 Le divisioni tra i cristiani e la ricomposizione dell'unità (DE 18-21)

18. L'insensatezza e il peccato degli uomini, tuttavia, lungo la storia hanno opposto resistenza alla volontà unificante dello Spirito santo e indebolito la forza dell'amore che supera le tensioni che si creano nella vita ecclesiale. Fin dagli inizi della Chiesa avvennero scissioni. Successivamente si manifestarono dissensi più gravi e alcune Chiese in Oriente non si trovarono più in piena comunione con la Sede di Roma e con la Chiesa d'Occidente [24]. Più tardi, in Occidente, divisioni più profonde causarono il formarsi di altre comunità ecclesiali. Tali scissioni avevano alla loro origine questioni dottrinali o disciplinari e perfino divergenze sulla natura della Chiesa [25]. Il decreto del concilio Vaticano II sull'ecumenismo riconosce che dissensi sono nati «talora non senza colpa di uomini d'entrambe le parti» [26]. Tuttavia, per quanto la colpevolezza umana abbia potuto nuocere gravemente alla comunione, questa non è mai stata distrutta. In effetti, la pienezza dell'unità della Chiesa di Cristo si è conservata nella Chiesa cattolica, mentre altre Chiese e comunità ecclesiali, pur non essendo in piena comunione con la Chiesa cattolica, in realtà mantengono con essa una certa comunione. Il Concilio così si esprime: «Quell'unità crediamo sussistere, senza possibilità d'essere perduta, nella Chiesa cattolica e speriamo che crescerà ogni giorno più fino alla fine dei secoli» [27]. Alcuni testi conciliari indicano gli elementi che sono condivisi dalla Chiesa cattolica e dalle Chiese orientali [28] da una parte, e dalla Chiesa cattolica e dalle altre Chiese e comunità ecclesiali dall'altra [29]. «Lo Spirito di Cristo non ricusa di servirsi di esse come di strumenti di salvezza» [30].

19. Tuttavia nessun cristiano o cristiana può essere pago di tali forme imperfette di comunione, che non corrispondono alla volontà di Cristo e indeboliscono la sua Chiesa nell'esercizio della missione che le è propria. La grazia di Dio, soprattutto nel nostro secolo, ha spinto alcuni membri di

parecchie Chiese e comunità ecclesiali a cercare con decisione di superare le divisioni ereditate dal passato e di ricostruire una comunione d'amore mediante la preghiera, il pentimento, la reciproca richiesta di perdono per i peccati di divisione del passato e del presente, e attraverso incontri per iniziative di collaborazione e di dialogo teologico. Tali sono gli obiettivi e le attività di quello che è stato chiamato movimento ecumenico [31].

20. Durante il concilio Vaticano II la Chiesa cattolica ha preso solennemente l'impegno di operare per l'unità dei cristiani. Il decreto *Unitatis redintegratio* precisa che l'unità voluta da Cristo per la sua Chiesa si realizza «per mezzo della fedele predicazione del Vangelo, dell'amministrazione dei sacramenti e del governo esercitato nell'amore da parte degli apostoli e dei loro successori, cioè i vescovi con a capo il successore di Pietro». Il decreto afferma che questa unità consiste «nella confessione di una sola fede, nella comune celebrazione del culto divino e nella fraterna concordia della famiglia di Dio» [32]. Tale unità, che per sua stessa natura esige una piena comunione visibile di tutti i cristiani, è il fine ultimo del movimento ecumenico. Il Concilio dichiara che essa non richiede affatto che venga sacrificata la ricca diversità di spiritualità, di disciplina, di riti liturgici e di elaborazione della verità rivelata che sono andati sviluppandosi tra i cristiani [33], nella misura in cui tale diversità rimane fedele alla tradizione apostolica.

21. Dopo il concilio Vaticano II l'attività ecumenica, in tutta la Chiesa cattolica, è stata ispirata e guidata da diversi documenti e iniziative della Santa Sede e, nelle Chiese particolari, da documenti e iniziative dei vescovi, dei Sinodi delle Chiese orientali cattoliche e delle Conferenze episcopali. Si devono anche ricordare i progressi realizzati in molteplici forme di dialogo ecumenico e in diversi tipi di collaborazione ecumenica. Secondo la stessa espressione del Sinodo dei vescovi del 1985, l'ecumenismo «si è profondamente e indelebilmente impresso nella coscienza della Chiesa» [34].

Nel corso dei secoli vi sono state diverse divisioni prodotte dall'ottusità e dai peccati degli uomini che non hanno saputo seguire in umiltà l'Amore-Dio-Spirito. Egli incessantemente ha provocato e provoca all'interno delle Chiese uno spirito d'amore e di fraternità al fine di ricomporre la comunione-unità della Chiesa intera.

A causa delle conseguenze del peccato originale, sin dai primordi della Chiesa, vi sono state tensioni e fratture. Qui basti ricordare le questioni fra cristiani giudei e cristiani ellenisti, le divisioni causate dai primi concili con la nascita delle comunità cristiane in Oriente, la rottura fra Chiesa d'Occidente e di Oriente e la scissione all'interno della Chiesa occidentale con la Riforma.

Queste fratture sono nate da motivazioni di carattere dottrinale, disciplinare e anche dalla questione sul come la Chiesa debba strutturarsi visibilmente. La responsabilità di queste difficoltà di dialogo sono da addebitarsi agli uomini di entrambe le parti.

Anche se vi sono state queste separazioni nel corso dei secoli, ciò non ha impedito che l'anelito all'unità della Chiesa, per la quale Cristo ha pregato il Padre, non fosse mantenuta nella sua integrità dallo Spirito Santo. È la Chiesa cattolica che storicamente si pone quale luogo di continuità della pienezza di fede e di grazia della comunione-unità desiderata e trasmessa dal Signore Gesù.

Le altre comunità, che sono nate dopo la Chiesa cattolica - fondata direttamente da Cristo stesso - conservano, anche se non sono nella pienezza dell'unità, una certa comunione con la Chiesa cattolica. *Infatti la Chiesa cattolica nei confronti di queste Chiese e comunità cristiane è contemporaneamente sia sorella e sia madre*. Sorella perché vi sono elementi salvifici in comune tra di loro. Madre perché la Chiesa cattolica nasce storicamente da Cristo. Se non vi fosse stata la Chiesa cattolica non ci sarebbero le altre Chiese e Comunità cristiane.

Ci sono elementi comuni tra la Chiesa cattolica e le Chiese orientali, come vi sono elementi di unità con le altre Comunità occidentali, che viste nell'ottica provvidente dello Spirito Santo, sono strumenti salvifici per coloro che vi appartengono.

Parimenti, ogni cristiano che crede e vive secondo l'Amore-Dio-Uno-Trino, desidera con forza ristabilire la verità della comunione-unità, voluta dallo stesso Signore Gesù.

Queste fratture con gli altri fratelli cristiani però hanno indebolito la natura e la vocazione della Chiesa di Cristo, chiamata a portare nel mondo la salvezza di Dio.

Allora, l'Amore-Dio-Spirito ha generato e continua generare nei cristiani la tensione a vivere per la comunione-unità richiesta dal Signore. Questi cristiani, toccati e aiutati dallo Spirito dell'Amore di Dio, hanno dato origine a iniziative di carattere spirituale, teologico e di collaborazione solidale per testimoniare che la comunione-unità di Cristo è un fatto possibile, non è un'utopia. Per questo lo Spirito Santo ha fatto sorgere il movimento ecumenico nelle Chiese.

Gli scopi del movimento ecumenico prima di tutto si configurano come scopi di preghiera. Preghiera per una continua conversione all'amore di Cristo mediante un atteggiamento di pentimento e di perdono reciproco. Per poter superare le incomprensioni e le divisioni del passato e del presente, bisogna chiedere con insistenza la presenza dell'Amore-Dio-Spirito che solo sa dirigere i credenti verso la verità teologica della comunione-unità e attuare una collaborazione ecumenica di carità sociale.

La Chiesa cattolica con il Vaticano II ha operato una scelta irreversibile per la costruzione della comunione-unità con le altre Chiese e Comunità cristiane e ha delineato le caratteristiche su cui è possibile fondare questa comunione-unità, desiderata da Cristo. I principi caratterizzanti questa comunione-unità con gli altri fratelli cristiani consistono in un vero e fedele annuncio evangelico; in un'amministrazione sacramentale e in una gestione del governo ecclesiale in sintonia con i vescovi e il papa; in un'unica confessione di fede; in una comune celebrazione liturgica e in un'autentica testimonianza di fraternità di tutte le Chiese. Questa fraternità ecclesiale dovrebbe rivelare la verità del Dio cristiano come una realtà d'Amore-Uno-Trino. Se ci sarà questa comunione-unità sarà possibile allora credere che Dio sia contemporaneamente Uno e Trino in quanto

Amore reciproco perché questa verità sulla natura di Dio si renderà visibile agli uomini appunto da questa testimonianza di fraternità ecclesiale. Questo è l'esito finale del movimento ecumenico.

Giungere a questa comunione visibile non significa rinunciare alle preziose e significative differenze nell'ambito liturgico, spirituale e teologico che nel corso dei secoli ogni Chiesa ha sviluppato al suo interno, sempre che ciò accada nel rispetto della tradizione degli apostoli nel senso che sul nucleo essenziale della Chiesa cioè nella tradizione apostolica vi sia l'unità.

Ci sono stati dopo il Vaticano II diversi documenti ecumenici elaborati dai papi Paolo VI e Giovanni Paolo II, dal Pontificio Consiglio per la promozione dell'unità dei cristiani, dalle Chiese locali, da vescovi, dalle conferenze dei vescovi, dai sinodi delle Chiese cattoliche di rito orientale. Ci sono stati inoltre molti sviluppi nel dialogo teologico fra la Chiesa cattolica e le altre Chiese, nella conoscenza e nella collaborazione reciproca sul piano di iniziative ecumeniche. Si può affermare perciò con sicurezza che il cammino verso l'unità delle Chiese si colloca nell'essere stesso della Chiesa cattolica, nella sua dimensione ontologica-finalistica cioè nella sua natura e nel suo fine per cui è stata pensata e creata da Cristo.

6.5 L'ecumenismo nella vita dei cristiani (DE 22-25)

22. Il movimento ecumenico è una grazia di Dio, concessa dal Padre in risposta alla preghiera di Gesù [35] e alle suppliche della Chiesa ispirata dallo Spirito santo [36]. Pur collocandosi nell'ambito della missione generale della Chiesa, che è di unire l'umanità in Cristo, il suo compito specifico è la ricomposizione dell'unità tra i cristiani [37]. Coloro che sono battezzati nel nome di Cristo sono, per ciò stesso, chiamati ad impegnarsi nella ricerca dell'unità [38]. La comunione nel battesimo è ordinata alla piena comunione ecclesiale. Vivere il proprio battesimo significa essere coinvolti nella missione di Cristo, la quale consiste appunto nel raccogliere tutto nell'unità.

23. I cattolici sono invitati a rispondere, secondo le indicazioni dei loro Pastori, con solidarietà e gratitudine agli sforzi che si compiono per ristabilire l'unità dei cristiani in molte Chiese e comunità ecclesiali e nelle varie organizzazioni alle quali danno la loro collaborazione. Là dove non si realizza nessuna attività ecumenica, almeno praticamente, i cattolici cercheranno di promuoverla. Là dove l'impegno ecumenico incontra opposizioni o ostacoli, a causa di tendenze settarie o di attività che portano a divisioni ancora più profonde tra coloro che confessano il nome di Cristo, i cattolici siano pazienti e perseveranti. Gli Ordinari del luogo [39], i Sinodi delle Chiese orientali cattoliche [40]e le Conferenze episcopali si troveranno talvolta nella necessità di prendere speciali misure per superare il pericolo di *indifferentismo* o di *proselitismo* [41]. Ciò potrebbe riguardare particolarmente le giovani Chiese. I cattolici, in tutti i loro rapporti con membri di altre Chiese e comunità ecclesiali, agiranno con rettitudine, prudenza e competenza. Il criterio di procedere con gradualità e precauzione, senza eludere le difficoltà, è anche una garanzia per non cedere alla tentazione dell'indifferentismo o del proselitismo, che sarebbe la rovina del vero spirito ecumenico.

24. Qualunque sia la situazione locale, i cattolici, per essere in grado di assumere le loro responsabilità ecumeniche, devono agire insieme e in accordo con i loro vescovi. Innanzi tutto devono conoscere a fondo la natura della Chiesa cattolica ed essere capaci di render conto del suo insegnamento, della sua disciplina e dei suoi principi ecumenici. Quanto meglio conoscono tutto questo, tanto meglio lo possono esporre nelle discussioni con gli altri cristiani e convenientemente spiegarlo motivandolo. Devono anche avere una corretta conoscenza delle altre Chiese e comunità ecclesiali con le quali sono in rapporto. E necessario prendere in attenta considerazione le varie condizioni preliminari all'impegno ecumenico, che sono enunciate nel decreto del concilio Vaticano II sull'ecumenismo [42].

25. L'ecumenismo, con tutte le sue esigenze umane e morali, è talmente

radicato nell'azione misteriosa della Provvidenza del Padre, per il Figlio e nello Spirito, da toccare le profondità della spiritualità cristiana. Esso richiede quella «conversione del cuore e quella santità della vita, insieme con le preghiere private e pubbliche per l'unità dei cristiani», che il decreto del concilio Vaticano II sull'ecumenismo chiama «ecumenismo spirituale» e ritiene essere «l'anima di tutto il movimento ecumenico» [43]. Coloro che si immedesimano profondamente a Cristo devono conformarsi alla sua preghiera, in particolare alla sua preghiera per l'unità; coloro che vivono nello Spirito devono lasciarsi trasformare dall'amore, che, per la causa dell'unità, «tutto copre, tutto crede, tutto spera, tutto sopporta» [44] coloro che vivono in spirito di pentimento saranno particolarmente sensibili al peccato delle divisioni e pregheranno per il perdono e la conversione. Coloro che tendono alla santità saranno capaci di riconoscere i suoi frutti anche al di fuori dei confini visibili della loro Chiesa [45]. Arriveranno a conoscere veramente Dio come colui che solo è capace di raccogliere tutti nell'unità, essendo il Padre di tutti.

Come possiamo allora definire l'ecumenismo? Possiamo definire l'ecumenismo come un movimento della grazia che l'Amore-Dio-Padre ha elargito alla Chiesa tutta. È la risposta, fondata sull'amore reciproco dei cristiani, alla preghiera rivolta al Padre dall'Amore-Dio-Figlio prima della sua morte. Corrisponde perciò, prima di tutto, alle preghiere dei cristiani delle Chiese, i quali, per l'intercessione dell'Amore-Dio-Spirito, hanno chiesto e continuano a chiedere incessantemente l'edificazione della comunione-unità visibile delle Chiese. La comunione-unità visibile, come abbiamo visto, rientra nella specifica vocazione della Chiesa cattolica, la cui missione è rivolta all'unità di tutta la famiglia umana nell'Amore-Dio del Figlio. In questo caso è indirizzata verso tutti i battezzati, verso i tutti i cristiani che sono tra loro ancora in disunità.

I cristiani di ogni Chiesa e comunità ecclesiale, a partire dai cattolici, sono chiamati dall'Amore di Dio-Uno-Trino alla responsabilità di vivere e di sacrificarsi per ciò che Gesù ha chiesto al Padre prima della sua passione e morte. Sono chiamati cioè oggettivamente alla ricerca dell'unità visibile delle Chiese in modo che il mondo possa credere, grazie a questa testimonianza di unità, alla verità dell'Amore-Dio-Uno-Trino. Battezzati nell'Amore-Dio del Figlio, il quale per loro ha dato la vita ed è risorto dalla morte, i cristiani sono destinati a realizzare la comunione-unità dell'unica Chiesa del Signore. Vivere il battesimo in quanto cristiani vuol dire allora collaborare alla stessa missione di Cristo il quale vuole che ogni realtà da lui creata risplenda nella sua verità cioè nell'unità con Cristo stesso.

I cristiani cattolici, che hanno colto questa oggettiva chiamata di Cristo ad essere apostoli della comunione-unità - in sintonia con i suggerimenti dei loro vescovi - si impegnano a collaborare nelle varie iniziative ecumeniche tra la Chiesa cattolica e le altre chiese e comunità cristiane.

Se in determinato luogo non vi dovesse esserci alcuna attività ecumenica, i fedeli cattolici, sull'esempio dell'Amore-Dio-Uno-Trino, che per primo ha amato e ama ogni uomo, prendono per primi l'iniziativa. Cercano, conoscono i fratelli cristiani di quella città e insieme organizzano, in uno spirito di fraterna carità e umiltà, le possibili iniziative. Potrebbe succedere che i fedeli cattolici nel tentativo di creare un clima sereno e fraterno con gli altri fratelli cristiani trovino in alcuni di loro tendenze al contrasto, all'ostracismo, alla differenziazione settaria.

Dinanzi a queste difficoltà relazionali, i cattolici dovrebbero, prima di tutto, pregare intensamente il Signore Gesù affinché intervenga con la sua grazia a illuminare le coscienze di questi fratelli. Chiedono inoltre al Signore il dono della perseveranza nel credere che la comunione-unità sia realizzabile anche con costoro e di avere sempre verso di loro un atteggiamento di misericordia.

I responsabili delle Chiese cattoliche nella persona del vescovo, i sinodi delle Chiese orientali e le Conferenze episcopali dovranno dare indicazioni e suggerimenti ai fedeli cattolici affinché costruiscano un autentico spirito ecumenico senza cadere nella tentazione dell'indifferenza e del proselitismo. L'indifferenza e il proselitismo potrebbero essere maggiormente presenti nelle giovani Chiese cattoliche. Queste Chiese dovranno comportarsi nelle relazioni ecumeniche con un sapiente spirito di gradualità, con molta umiltà e prudenza, nel rispetto dei tempi e della maturità ecumenica di questi fratelli cristiani. Queste giovani Chiese dovranno prendere coscienza delle reali difficoltà che vi sono con le altre Chiese, senza cedere all'indifferenza e al proselitismo, che sono espressioni antitetiche all'autentico spirito ecumenico.

I fedeli cattolici, se vogliono contribuire nelle loro diocesi allo sviluppo della sensibilità ecumenica, devono agire in accordo con il vescovo cioè con colui che rappresenta la visibile comunione-unità della Chiesa cattolica in un determinato luogo. Non è possibile per un cattolico vivere un autentico cammino ecumenico senza l'unità con il proprio vescovo, senza la comunione con colui che si pone come punto focale dell'unità della Chiesa di una diocesi. I fedeli cattolici, essendo testimoni della Chiesa cattolica per gli altri cristiani, devono conoscere approfonditamente la natura dell'essere e dell'agire della loro Chiesa, così da rendere ragione della sua dottrina, della sua normativa e dei suoi fondamenti ecumenici.

I cattolici, quanto più conoscono la realtà della loro Chiesa tanto più sapranno presentarla in senso oggettivo e veritiero agli altri fratelli cristiani nelle organizzazioni e nei consessi ecumenici cui sono chiamati a intervenire. Dovranno, nello stesso tempo, avere autentiche nozioni e informazioni sulle altre Chiese e comunità ecclesiali per non parlare in modo errato quando si tratta di rapportarsi con loro. Questo deve avvenire seguendo le indicazioni esposte nel decreto ecumenico del Concilio Vaticano II, l'Unitatis Redintegratio. L'ecumenismo nasce dall'azione provvidente e misteriosa dell'Amore-Dio-Uno-Trino. Grazie agli impulsi dello Spirito santo, i cristiani vengono chiamati a convertirsi sinceramente e a pregare incessantemente per l'unità dell'unica Chiesa di Cristo. Questa realtà viene definita ecumenismo spirituale, che è l'anima del movimento ecumenico. I cristiani, che rendono un'autentica testimonianza dell'amore di Cristo, tanto da vivere l'amore di Cristo stesso, sperimentano in se stessi gli stessi sentimenti del Signore per la visibile comunione-unità della

Chiesa. Profondamente innestati nello Spirito dell'Amore di Dio, sono coscienti che niente sia impossibile a Dio e che, con la sua grazia, ogni ostacolo e impedimento all'edificazione dell'unità possa essere superato e risolto. Sanno che le radici del peccato dell'unità sono da ricercarsi nella realtà del peccato originale e che solo un autentico spirito di penitenza e di conversione potrà provocare la grazia dell'unità delle Chiese. Cercano perciò di vivere una vita di santità, sapendo che lo Spirito dell'Amore di Dio provoca frutti di conversione e santità anche nelle altre Chiese e comunità perché l'Amore di Dio-Padre vuole raccogliere in unità tutti i suoi figli.

6.6 I diversi livelli dell'azione ecumenica (DE 26-29)

26. Le possibilità e le esigenze dell'azione ecumenica non si presentano nello stesso modo in una parrocchia, in una diocesi, a livello di un'organizzazione regionale o nazionale delle diocesi, a livello della Chiesa universale. L'ecumenismo richiede un impegno del popolo di Dio nelle strutture ecclesiastiche e secondo la disciplina propria di ciascuno di tali livelli.

27. Nella diocesi, raccolta attorno al suo Vescovo, nelle parrocchie e nei diversi gruppi e comunità, l'unità dei cristiani si costruisce e si evidenzia giorno per giorno [46]: uomini e donne ascoltano nella fede la Parola di Dio, pregano, celebrano i sacramenti, si mettono al servizio gli uni degli altri e testimoniano il Vangelo della salvezza a coloro che ancora non credono.

Tuttavia, quando membri di una stessa famiglia appartengono a Chiese e comunità ecclesiali diverse, quando dei cristiani non possono ricevere la comunione con il coniuge o i figli o gli amici, la sofferenza per la divisione si fa acutamente sentire e dovrebbe più fortemente stimolare alla preghiera e all'attività ecumenica.

28. Il fatto di riunire, all'interno della comunione cattolica, le Chiese particolari in istituzioni affini, quali i Sinodi delle Chiese orientali e le

Conferenze episcopali, manifesta la comunione esistente tra queste Chiese. Tali assemblee possono sensibilmente facilitare lo sviluppo di efficaci relazioni ecumeniche con le Chiese e le comunità ecclesiali di una stessa regione che non sono in piena comunione con noi. Oltre la loro tradizione culturale e civica, esse condividono una comune eredità ecclesiale, che risale all'epoca anteriore alle divisioni. Avendo maggiori possibilità che non una Chiesa particolare di trattare in maniera rappresentativa i fattori regionali e nazionali dell'attività ecumenica, i Sinodi delle Chiese orientali cattoliche e le Conferenze episcopali possono dar vita a organizzazioni destinate a valorizzare e coordinare le risorse e gli sforzi del loro territorio, in modo tale da sostenere le attività delle Chiese particolari e consentire loro di seguire, nelle loro iniziative ecumeniche, un cammino cattolico omogeneo.

29. Spetta al Collegio dei vescovi e alla Sede apostolica il giudizio in ultima istanza sul modo in cui si deve rispondere alle esigenze della piena comunione [47]. A questo livello si raccoglie e si valuta l'esperienza ecumenica di tutte le Chiese particolari; si riuniscono i mezzi necessari al servizio della comunione a livello universale e tra tutte le Chiese particolari che fanno parte di questa comunione e per essa si adoperano; si danno le direttive che servono a orientare e dirigere le attività ecumeniche ovunque si svolgano nella Chiesa. Spesso è a questo livello della Chiesa che le altre Chiese e comunità ecclesiali si rivolgono quando desiderano essere in rapporto ecumenico con la Chiesa cattolica. Ed è a questo livello che possono essere prese le decisioni ultime concernenti la ricomposizione della comunione.

La sensibilità e l'azione ecumenica nascono prima di tutto all'interno della comunità cattolica che si apre alle altre Chiese e Comunità cristiane. Vivere l'azione ecumenica in una parrocchia, in una diocesi, in un movimento ecclesiale o all'interno delle realtà della Chiesa universale presenta differenze di interesse e impegno. Questa diversità deriva dal fatto che il servizio ecumenico viene vissuto secondo l'ordine e la disciplina della struttura ecclesiastica coinvolta.

In una diocesi cattolica la vita d'unità si rivela, prima di tutto, quando le parrocchie di appartenenza e i gruppi ecclesiali si mettono all'ascolto del Vangelo, pregano insieme, celebrano insieme i sacramenti e vivono un autentico spirito di servizio e di fraternità l'uno nei confronti dell'altro, ponendo al centro l'unità con il proprio vescovo così da mostrare ai non credenti la verità di Dio come una realtà d'Amore-Uno-Trino.

Quando però in una stessa famiglia cristiana i familiari non possono accostarsi all'Eucaristia perché appartenenti a comunità cristiane diverse allora si fa sentire in modo straziante la frattura della comunione-unità. Questo dolore stimola a pregare intensamente e ininterrottamente per un'azione di ricomposizione dell'unità delle Chiese.

All'interno della Chiesa cattolica troviamo la struttura dei sinodi delle Chiese orientali e quella delle Conferenze episcopali, luoghi in cui le Chiese particolari possono testimoniare una reale comunione-unità. Queste strutture di comunione-unità della Chiesa cattolica possono essere viste come un ponte nei confronti delle altre Chiese cristiane. Possono costituire uno strumento d'unità per la realizzazione di azioni ecumeniche all'interno di una stessa regione. È bene ricordare che queste Chiese e comunità ecclesiali non cattoliche hanno una loro tradizione culturale e liturgica però condividono con la Chiesa cattolica un comune patrimonio che è antecedente le divisioni storiche. I sinodi delle Chiese orientali cattoliche e le Conferenze episcopali, dal momento che possono affrontare e condividere in ambito regionale o nazionale le attività ecumeniche, possono organizzare e gestire in maniera più opportuna le varie iniziative delle Chiese locali, garantendo loro un comune cammino ecumenico.

La valutazione dell'impegno ecumenico nella Chiesa cattolica spetta, in ultima analisi, al giudizio del Collegio dei vescovi e della Sede apostolica che stimano le attività ecumeniche delle Chiese particolari e analizzano i mezzi e gli strumenti necessari per testimoniare questa comunione-unità a livello di Chiesa universale e a livello di Chiese particolari. Indicano poi gli orientamenti e i suggerimenti che devono essere messi in campo per l'attività ecumenica a servizio di tutta la Chiesa. È su questo livello (Collegio dei vescovi e Sede apostolica) che spesso le altre Chiese cristiane entrano in relazione con la Chiesa cattolica ed è su tale livello che poi saranno decisi i punti della comunione-unità con la Chiesa cattolica.

6.7 Complessità e diversità della situazione ecumenica (DE 30-34)

30. Il movimento ecumenico vuole essere obbediente alla Parola di Dio, alle ispirazioni dello Spirito santo e all'autorità di coloro ai quali è affidato il ministero di assicurare che la Chiesa rimanga fedele a quella tradizione apostolica in cui vengono accolti la Parola di Dio e i doni dello Spirito. Ciò che si ricerca è la comunione, che è il cuore del mistero della Chiesa, ed è per questo che il ministero apostolico dei vescovi è particolarmente necessario nell'ambito dell'attività ecumenica. Le situazioni di cui l'ecumenismo si occupa molto spesso sono senza precedenti, variano da luogo a luogo e di epoca in epoca. Vanno incoraggiate anche le iniziative dei fedeli nel campo dell'ecumenismo. E però indispensabile un attento e continuo discernimento, che compete a coloro che hanno la responsabilità ultima della dottrina e della disciplina della Chiesa [48]. A costoro spetta incoraggiare iniziative serie ed assicurare che siano attuate secondo i principi cattolici dell'ecumenismo. Essi devono ridare fiducia a coloro che si lasciano scoraggiare dalle difficoltà e moderare la generosità imprudente di coloro che non soppesano debitamente le reali difficoltà disseminate sulla via della ricomposizione dell'unità. Il Pontificio Consiglio per la promozione dell'unità dei cristiani, il cui ruolo e la cui responsabilità consistono nel dare direttive e suggerimenti per l'attività ecumenica, offre lo stesso servizio all'intera Chiesa.

31. La natura dell'azione ecumenica intrapresa in una regione particolare subirà sempre l'influsso del carattere particolare della situazione ecumenica

del luogo. La scelta dell'impegno ecumenico appropriato spetta primariamente al Vescovo, il quale deve tener conto delle specifiche responsabilità e delle esigenze tipiche della sua diocesi. È impossibile passare in rassegna la varietà delle situazioni; si possono nondimeno fare alcune osservazioni abbastanza generali.

32. Il compito ecumenico si presenterà in modo diverso in un paese in prevalenza cattolico e in un paese in cui cristiani orientali o anglicani o protestanti sono in gran numero o maggioranza. Il compito assumerà aspetti ancora diversi in paesi nei quali c'è una maggioranza di non cristiani. La partecipazione della Chiesa cattolica al movimento ecumenico in paesi in cui essa è largamente maggioritaria è cruciale perché l'ecumenismo sia un movimento che coinvolga tutta la Chiesa.

33. Allo stesso modo, il compito ecumenico varierà notevolmente a seconda che la maggioranza dei nostri interlocutori cristiani appartenga parte a una o a più Chiese orientali anziché a comunità della Riforma. Ogni caso ha una propria dinamica e sue peculiari possibilità. Molti altri fattori, politici, sociali, culturali, geografici ed etnici, possono dare un'impronta specifica al compito ecumenico.

34. Le diverse caratteristiche del compito ecumenico dipenderanno sempre dal particolare contesto locale. L'importante è che, nello sforzo comune, i cattolici, ovunque nel mondo, si sostengano vicendevolmente con la preghiera e il reciproco incoraggiamento, in modo che si possa perseguire la ricerca dell'unità dei cristiani, nei suoi molteplici aspetti, nell'obbedienza al comandamento del Signore.

Le persone coinvolte nel movimento ecumenico desiderano seguire fedelmente il Vangelo. Vogliono vivere i suggerimenti dello Spirito di Dio in quanto è Lui l'artefice della comunione-unità trinitaria e di quella visibile-ecclesiale. Vogliono essere in ascolto della Tradizione apostolica (vescovi e papa) perché la loro azione ecumenica sia conforme alla volontà di Dio. La comunione-unità sta al centro del mistero della Chiesa. In ambito ecumenico il servizio apostolico è fondamentale per l'edificazione della visibile comunione-unità. Infatti, non ci può essere la comunione-unità della Chiesa senza l'unità con la struttura di base, lo scheletro (vescovi e papa) del corpo del Signore Gesù.

Le situazioni e le questioni in ambito ecumenico sono variegate e diversificate per i luoghi e per il tempo storico. Le iniziative ecumeniche non avvengono solo a livello ecclesiale ma anche a livello di singoli cristiani. Ogni proposta di attività ecumenica deve essere vista con coloro che possiedono la grazia del discernimento ecclesiale, i vescovi, che sono i veri responsabili dell'aspetto dottrinale e normativo della Chiesa.

Così e solo in questo modo, queste iniziative avranno la garanzia di essere pensate e organizzate conformemente ai principi cattolici. I vescovi, inoltre, se vi sono fedeli cattolici che stanno vivendo momenti di sconforto e di sfiducia per la causa ecumenica, sono pronti a incoraggiarli e a sostenerli nel proseguire il cammino e l'impegno ecumenico.

I vescovi poi invitano i fedeli cattolici, che si rivelano troppo ottimisti e che non vedono le reali e oggettive difficoltà dell'azione ecumenica, ad avere una visione equilibrata e prudente sul dialogo con gli altri cristiani. Per le iniziative ecumeniche i vescovi della Chiesa cattolica possono chiedere aiuti, indicazioni e suggerimenti al Pontificio Consiglio per la promozione dell'unità dei cristiani, nato proprio per il servizio ecumenico a favore della Chiesa universale. L'agire ecumenico in una specifica diocesi deve tener conto della particolare situazione ecumenica di quella terra. Le modalità dell'azione ecumenica spettano, in primo luogo, al vescovo, che con i suoi collaboratori analizza e approfondisce tale situazione in modo che in quella diocesi si sviluppi un reale e costruttivo cammino ecumenico.

In generale si possono delineare alcuni principi validi per tutte le diocesi. L'impegno ecumenico sarà diverso quando la Chiesa cattolica è maggioritaria rispetto agli altri cristiani. Presenterà approcci ecumenici diversi quando i cristiani orientali o i cristiani protestanti sono in gran numero o maggioranza rispetto ai cristiani cattolici. Vi sono modalità differenti di dialogo quando in una località la maggioranza dei credenti è costituita da non-cristiani. Nel caso in cui i cristiani cattolici di una diocesi siano la maggioranza, il loro impegno nel movimento ecumenico di quella zona dovrà essere tale da promuovere la sollecitudine ecumenica verso tutte le Chiese cristiane presenti in quel territorio. L'azione ecumenica della Chiesa cattolica di una diocesi inoltre divergerà nel caso in cui la maggioranza di fedeli sia ortodossa o sia invece di origine protestante. Ogni dialogo e azione ecumenica presenta caratteri propri con differenti modalità e opportunità. Deve tener presente della realtà dei fattori culturali, geografici, storici, politici di quella determinata popolazione. È molto importante perciò nell'impegno ecumenico dare molta attenzione al contesto locale. Nello stesso tempo è fondamentale che i cattolici di tutto il mondo si incoraggino a vicenda nello sforzo della ricerca dell'unità e si impegnino a chiedere, con la preghiera incessante al Dio-Uno-Trino, la grazia della comunione-unità che ha nella presenza di Cristo in mezzo ai suoi (Mt 18,20) la sua dirompente visibilità e la sua maggiore forza.

6.8 Le sètte e i nuovi movimenti religiosi (DE 35-36)

35. Il panorama religioso del nostro mondo, negli ultimi decenni, è andato notevolmente evolvendosi e in alcune parti del mondo il cambiamento di maggior rilievo è stato il proliferare di sètte e di nuovi movimenti religiosi, la cui aspirazione a relazioni pacifiche con la Chiesa cattolica può talvolta essere debole o non esistere affatto. Nel 1986, quattro dicasteri della Curia romana hanno pubblicato congiuntamente un rapporto [49], che richiama l'attenzione sulla fondamentale distinzione da farsi tra le sètte e i nuovi movimenti religiosi da una parte e le Chiese e comunità ecclesiali dall'altra. In questo campo sono in corso ulteriori studi.

36. Per quel che riguarda le sètte e i nuovi movimenti religiosi, la situazione

è assai complessa e si presenta in modo differente secondo il contesto culturale. In alcuni paesi le sètte si sviluppano in un ambiente culturale fondamentalmente religioso. In altri luoghi si diffondono in società sempre più secolarizzate, ma che, al tempo stesso, conservano credenze e superstizioni. Certe sètte sono e si dicono di origine non cristiana; altre sono eclettiche; altre ancora si dichiarano cristiane, ma possono sia aver rotto con comunità cristiane, sia conservare ancora legami con il cristianesimo. È chiaro che spetta primariamente al Vescovo, alla Conferenza episcopale o al Sinodo delle Chiese orientali cattoliche discernere il miglior modo di rispondere alla sfida rappresentata dalle sètte in una determinata regione. Bisogna però insistere sul fatto che i principi della condivisione spirituale o della cooperazione pratica indicati in questo Direttorio si applicano esclusivamente alle Chiese e alle comunità ecclesiali con le quali la Chiesa cattolica ha instaurato relazione ecumeniche. Al lettore di questo Direttorio apparirà con chiarezza che l'unico fondamento per tale condivisione e per tale cooperazione sta nel riconoscere da una parte e dall'altra una certa comunione già esistente, anche se imperfetta, congiunta all'apertura e al rispetto reciproco generati da un simile riconoscimento.

Nel mondo, oggi, c'è un sorgere e uno svilupparsi di sette e di nuovi movimenti religiosi che non hanno relazione, se non in alcuni casi, con la Chiesa cattolica. Nel 1986 quattro dicasteri cattolici hanno redatto un documento dal titolo 'Il fenomeno delle sette o nuovi movimenti religiosi' dove vengono presentate le differenze tra le sette e i nuovi movimenti religiosi rispetto alle Chiese e Comunità ecclesiali.

La situazione di queste sette e nuovi movimenti religiosi è contraddittoria e presenta aspetti di complessità. Alcune sette si dichiarano non-cristiane; altre invece dicono di avere origini cristiane ma hanno rotto le relazioni con le Chiese oppure dicono di avere ancora legami; altre invece presentano caratteristiche multiformi. Il vescovo di una diocesi, il sinodo delle Chiese orientali cattoliche, le Conferenze episcopali sono chiamate a trovare i modi migliori per dare una risposta unitaria alla sfida di queste sette e nuovi movimenti religiosi. Il documento ricorda che i principi della ricerca della comunione-unità spirituale e pratica sono validi solo per quelle Chiese e comunità con le quali la Chiesa cattolica ha stabilito relazioni ecumeniche cioè per quelle Chiese e comunità ecclesiali alle quali è stata riconosciuta una comunione esistente anche se non ancora piena, la quale sviluppa nei cristiani un atteggiamento di apertura e di rispetto vicendevoli.

6.9 La via ecumenica: la via della chiesa (UUS 10-14)

Prendiamo ora in esame il primo capitolo dell'enciclica 'Ut Unum Sint', precisamente i numeri dal dieci al quattordici. Scritta da Santo padre Giovanni Paolo II, possiamo considerarla come un punto di arrivo e, nello stesso tempo, come un punto di partenza del cammino ecumenico della Chiesa cattolica. In essa rinveniamo l'autentica passione e sollecitudine ecumenica del Santo padre Giovanni Paolo II.

10. Nell'attuale situazione di divisione fra i cristiani e di fiduciosa ricerca della piena comunione, i fedeli cattolici si sentono profondamente interpellati dal Signore della Chiesa. Il Concilio Vaticano II ha rafforzato il loro impegno con una visione ecclesiologica lucida e aperta a tutti i valori ecclesiali presenti tra gli altri cristiani. I fedeli cattolici affrontano la problematica ecumenica in spirito di fede.

Il Concilio dice che "la Chiesa di Cristo sussiste nella Chiesa cattolica, governata dal successore di Pietro e dai vescovi in comunione con lui" e nel contempo riconosce che "al di fuori del suo organismo visibile si trovino parecchi elementi di santificazione e di verità, che, quali doni propri della

Chiesa di Cristo, spingono verso l'unità cattolica"11.

"Perciò le Chiese e Comunità separate, quantunque crediamo che abbiano delle carenze, nel mistero della salvezza non sono affatto prive di significato e valore. Lo spirito di Cristo infatti non ricusa di servirsi di esse come di strumenti di salvezza, la cui efficacia deriva dalla stessa pienezza di grazia e di verità che è stata affidata alla Chiesa cattolica"12.

11. In questo modo la Chiesa cattolica afferma che, durante i duemila anni della sua storia, è stata conservata nell'unità con tutti i beni con i quali Dio vuole dotare la sua Chiesa, e ciò malgrado le crisi spesso gravi che l'hanno scossa, le carenze di fedeltà di alcuni suoi ministri e gli errori in cui quotidianamente si imbattono i suoi membri. La Chiesa cattolica sa che, in nome del sostegno che le proviene dallo Spirito, le debolezze, le mediocrità, i peccati, a volte i tradimenti di alcuni dei suoi figli, non possono distruggere ciò che Dio ha infuso in essa in funzione del suo disegno di grazia. Anche "le porte degli inferi non prevarranno contro di essa" (Mt 16,18). Tuttavia la Chiesa cattolica non dimentica che molti nel suo seno opacizzano il disegno di Dio. Evocando la divisione dei cristiani, il Decreto sull'ecumenismo non ignora la "colpa di uomini di entrambe le parti"13, riconoscendo che la responsabilità non può essere attribuita unicamente agli "altri". Per grazia di Dio, non è stato però distrutto ciò che appartiene alla struttura della Chiesa di Cristo e neppure quella comunione che permane con le altre Chiese e Comunità ecclesiali.

Infatti, gli elementi di santificazione e di verità presenti nelle altre Comunità cristiane, in grado differenziato dall'una all'altra, costituiscono la base oggettiva della pur imperfetta comunione esistente tra loro e la Chiesa cattolica.

Nella misura in cui tali elementi si trovano nelle altre Comunità cristiane, l'unica Chiesa di Cristo ha in esse una presenza operante. Per questo motivo il Concilio Vaticano II parla di una certa comunione, sebbene imperfetta. La

Costituzione Lumen gentium sottolinea che la Chiesa cattolica "sa di essere per più ragioni unita"14 a queste Comunità con una certa vera unione nello Spirito Santo.

12. La stessa Costituzione ha lungamente esplicitato "gli elementi di santificazione e verità" che, in modo diversificato, si trovano ed agiscono oltre le frontiere visibili della Chiesa cattolica: "Ci sono infatti molti che hanno in onore la Sacra Scrittura come norma della fede e della vita, mostrano un sincero zelo religioso, credono con amore in Dio Padre onnipotente e in Cristo, Figlio di Dio e Salvatore, sono segnati dal Battesimo, col quale vengono uniti con Cristo; anzi riconoscono e accettano nelle proprie Chiese e Comunità ecclesiali anche altri sacramenti. Molti fra loro hanno anche l'Episcopato, celebrano la sacra Eucaristia e coltivano la devozione alla Vergine Madre di Dio. A questo si aggiunge la comunione di preghiere e di altri benefici spirituali; anzi una certa vera unione nello Spirito Santo, poiché anche in loro lo Spirito con la sua virtù vivificante opera per mezzo di doni e grazie, e ha fortificati alcuni di loro fino allo spargimento del sangue. Così lo Spirito suscita in tutti i discepoli di Cristo il desiderio e l'azione, affinché tutti, nel modo da Cristo stabilito, pacificamente si uniscano in un solo gregge sotto un solo pastore"15.

Il Decreto conciliare sull'ecumenismo, riferendosi alle Chiese ortodosse, è pervenuto in particolare a dichiarare che "per mezzo della celebrazione dell'Eucaristia del Signore in queste singole Chiese la Chiesa di Dio è edificata e cresce"16. Riconoscere tutto questo è una esigenza di verità.

13. Di questa situazione, il medesimo Documento enuclea con sobrietà le implicazioni dottrinali. A proposito dei membri di tali Comunità, esso dichiara: "Giustificati nel Battesimo dalla fede, sono incorporati a Cristo e perciò sono a ragione insigniti del nome di cristiani e dai figli della Chiesa cattolica sono giustamente riconosciuti come fratelli nel Signore"17. Riferendosi ai molteplici beni presenti nelle altre Chiese e Comunità

ecclesiali, il Decreto aggiunge: "Tutte queste cose, che provengono da Cristo e a lui conducono, giustamente appartengono all'unica Chiesa di Cristo. Anche non poche azioni sacre della religione cristiana vengono compiute dai fratelli da noi separati, e queste in vari modi, secondo la diversa condizione di ciascuna Chiesa o comunità, possono senza dubbio produrre realmente la vita della grazia e si devono dire atte ad aprire l'ingresso nella comunione della salvezza"18.

Si tratta di testi ecumenici della massima importanza. Oltre i limiti della comunità cattolica non c'è il vuoto ecclesiale. Parecchi elementi di grande valore (eximia) che, nella Chiesa cattolica sono integrati alla pienezza dei mezzi di salvezza e dei doni di grazia che fanno la Chiesa, si trovano anche nelle altre Comunità cristiane.

14. Tutti questi elementi portano in sé il richiamo all'unità per trovare in essa la loro pienezza. Non si tratta di sommare insieme tutte le ricchezze disseminate nelle Comunità cristiane, al fine di pervenire ad una Chiesa a cui Dio mirerebbe per il futuro. Secondo la grande Tradizione attestata dai Padri d'Oriente e d'Occidente, la Chiesa cattolica crede che nell'evento di Pentecoste Dio ha già manifestato la Chiesa nella sua realtà escatologica, che egli preparava "sin dal tempo di Abele il Giusto"19. Essa è già data. Per questo motivo noi siamo già nei tempi ultimi. Gli elementi di questa Chiesa già data esistono, congiunti nella loro pienezza, nella Chiesa cattolica e, senza tale pienezza, nelle altre Comunità20, dove certi aspetti del mistero cristiano sono stati a volte messi più efficacemente in luce. L'ecumenismo intende precisamente far crescere la comunione parziale esistente tra i cristiani verso la piena comunione nella verità e nella carità.

Il papa ricorda che i fedeli cattolici sono chiamati dal Signore Gesù alla ricerca della comunione-unità con gli altri cristiani. È uno scandalo la disunità tra le Chiese. La rinnovata coscienza di questa frattura genera nei cattolici un'appassionata sollecitudine alla ricostruzione dell'unità ecclesiale. Il Concilio Vaticano II presenta una chiara e appropriata visione sull'identità della Chiesa cattolica, chiamata ecclesiologia di comunione. All'interno di questa realtà ecclesiologica la presenza delle altre Chiese e Comunità cristiane viene valorizzata in modo da favorire un proficuo impegno ecumenico.

L'azione ecumenica dei cattolici è fondata su un autentico spirito di fede nel Signore Gesù. Il papa precisa, riportando alcuni brani della 'Lumen Gentium' e dell'Unitatis Redintegratio', che l'autentica Chiesa *sussiste* nella Chiesa cattolica perché porta in sè il carisma petrino, il dono della comunione-unità tra Pietro e gli apostoli, configuratosi nel tempo, quale ininterrotta successione apostolica di Cristo.

Nello stesso tempo sottolinea che anche nelle altre Chiese e Comunità cristiane si trovano molti elementi di grazia santificante e di verità che procedono dall'unica Chiesa di Cristo e che indirizzano verso l'unità di tutti i credenti.

Nelle Chiese e Comunità cristiane divise dalla Chiesa cattolica (madre e sorella[7]), anche se non si può parlare di totale pienezza ecclesiale, sono presenti elementi e strumenti di grazia salvifica. La loro pienezza di grazia salvifica è da porsi in relazione alla stessa pienezza di grazia salvifica che il Signore Gesù ha elargito alla Chiesa cattolica. Gesù Cristo ha infatti voluto e fondato la Chiesa cattolica come *fonte universale* di salvezza per gli uomini. Per questo la stessa pienezza di grazia salvifica possiamo rinvenirla anche in molti elementi e strumenti salvifici presenti nelle altre Chiese e Comunità Cristiane che sono in unità con la fonte universale di salvezza, la Chiesa cattolica, anche se in un modo non perfettamente pieno.

Tutto ciò avviene a dispetto di tutte le mancanze di unità, delle divisioni, dei

---

[7] Quando parlo di Chiesa cattolica come Chiesa madre rispetto alle altre Chiese e Comunità cristiane la intendo madre in quanto istituita da Cristo stesso come fonte universale di salvezza. Infatti, l'Amore di Dio Uno-Trino ha voluto elargire alla Chiesa cattolica, mediante la morte e la risurrezione del Figlio e la Pentecoste del suo Spirito, tutti i beni salvifici per rivelare l'Unita-Trinità del suo essere e del suo agire per la salvezza degli uomini. La intendo come sorella per le altre Chiese e Comunità cristiane perché tra i figli e la madre vi sono caratteri comuni ma, nello stesso tempo, vi sono nei figli peculiarietà ed espressioni diverse rispetto alla madre.

peccati, delle incoerenze e addirittura dei tradimenti commessi da alcuni figli della Chiesa cattolica. È l'Amore di Dio-Spirito Santo, infatti, che conduce la storia della Chiesa cattolica, a prescindere dai tradimenti e dagli scandali che sono successi e che ancora ci sono al suo interno e al suo esterno.

Come ricorda Gesù nel Vangelo di Matteo il demonio e i suoi figli, i cosiddetti figli delle tenebre, non riusciranno a prevalere sulla Chiesa. Il progetto di Dio affidato alla sua Chiesa è stato inquinato e rallentato dai peccati dei suoi membri. Le divisioni ecclesiali, succedutesi nel corso della storia, vanno lette in un'ottica di responsabilità ecclesiale reciproca, senza cioè scaricare tutto il peso del peccato della divisione sull'una o sull'altra Chiesa. Dobbiamo rilevare in questo contesto che lo Spirito Santo non ha permesso che la struttura portante della Chiesa cattolica cioè la successione apostolica fosse annientata dalle forze delle tenebre. Non ha permesso inoltre che fosse totalmente interrotta quella comunione-unità, anche se ancora non pienamente perfetta, con le altre Chiese e Comunità ecclesiali.

In queste Chiese e Comunità cristiane i mezzi salvifici di santificazione e di verità, anche se in gradi diversificati dall'una e dall'altra Chiesa, sono realmente il fondamento oggettivo di questa comunione-unità non pienamente perfetta con la Chiesa cattolica. Nella misura in cui questi elementi di santificazione e di verità sono presenti nelle altre Chiese e Comunità tanto essi realizzano la vivente unica Chiesa del Signore Gesù. La Chiesa cattolica ha coscienza di essere unita per più motivazioni con queste Chiese e Comunità ecclesiali e questa certa, ma vera comunione-unità avviene prima di tutto grazie all'opera misteriosa dello Spirito di Dio. I mezzi di santificazione e di verità presenti nelle altre Chiese e Comunità cioè il nucleo oggettivo di questa certa e vera comunione-unità sono: la Parola di Dio, finalizzata alla vita di fede e di grazia nella santissima Trinità; un autentico spirito religioso; l'adesione al Cristo morto e risorto mediante il sacramento del battesimo; l'accoglienza, in molte Chiese e Comunità, anche degli altri sacramenti, come la santa Eucaristia, vissuta all'interno di un filiale spirito d'amore per la Vergine Maria. Alcune Chiese hanno conservato la

struttura portante del corpo di Cristo, il carisma episcopale e una fedele preghiera verso lo Spirito Santo, l'Amore-Dio-Consolatore che elargisce la grazia di Dio e che per alcuni cristiani di queste Chiese e Comunità ha coinciso con la grazia del martirio. È quindi lo Spirito dell'Amore-Dio-Consolatore che soffia e suscita nell'anima di questi cristiani la volontà della comunione-unità, che si può ottenere solamente, prima di tutto, con la preghiera e con l'attività ecumenica.
L'Unitatis Redintegratio, il documento del Concilio sull'ecumenismo, riconosce nelle Chiese ortodosse l'azione di grazia operata dall'Eucaristia per l'edificazione e lo sviluppo della Chiesa di Dio: affermare questo è testimoniare al mondo che c'è unica Chiesa di Dio, quella di Cristo Gesù. Questo decreto conciliare dice che i fedeli ortodossi sono cristiani, battezzati nella morte e risurrezione di Cristo, e che devono perciò essere considerati dai cattolici, anch'essi battezzati nel Cristo Signore, come fratelli nella fede.
Quando il decreto descrive gli strumenti ecclesiali presenti nelle altre Chiese e Comunità ecclesiali dice che questi mezzi, essendo beni dell'unica Chiesa del Signore, devono essere considerati come vie del Signore Gesù, come strade che portano a Lui. Gli atti e i gesti liturgici compiuti da questi nostri fratelli cristiani, tenendo sempre presente la realtà ecclesiale di queste Chiese e Comunità, devono essere letti e interpretati come strumenti che "possono senza dubbio produrre realmente la vita della grazia"[8] e che permettono l'accesso alla comunione salvifica.
Questi passi del decreto hanno un fondamentale significato ecumenico perché testimoniano che, al di là dei confini della Chiesa cattolica, non siamo in presenza di un vuoto, di un nulla ecclesiale. Questi beni e strumenti presenti nelle altre Chiese e Comunità cristiane e che nella Chiesa cattolica sono collocati nella pienezza della loro azione di grazia, vanno considerati come beni e strumenti di profondo valore (eximia) che producono realmente l'ingresso nella comunione salvifica per i credenti di queste Chiese e Comunità. Però, per il fatto che ancora sussiste la divisone tra queste Chiese e Comunità ecclesiali e la

[8] Ut Unum Sint, 13.

Chiesa madre cattolica, essi si rivelano come un urgente e struggente appello all'unità delle Chiese perché è nella piena unità ecclesiale che trovano la loro identità e la loro reciproca composizione.

Non bisogna, d'altra parte, cogliere la pienezza della grazia salvifica come se essa fosse una specie di somma tra le Chiese di questi beni e strumenti. La natura di questi mezzi salvifici è intrinseca al loro essere e si connota come una chiamata all'unità, come una tensione e anche come una nostalgia all'unità dell'unica Chiesa del Signore Gesù che Dio ha già inaugurato con la discesa dello Spirito a Pentecoste.

Osservando la storia della tradizione delle Chiesa occidentale e di quella orientale, infatti, sappiamo che nell'evento della Pentecoste, l'Amore-Dio-Uno-Trino ha già prefigurato la Chiesa nella sua realtà escatologica. Siamo perciò, già ora in questa esperienza della Chiesa di Dio in senso escatologico: viviamo già nella realtà della Chiesa escatologica che Dio ha voluto sin dalle origini.

Sintetizzando possiamo dire che questi beni e strumenti ecclesiali di salvezza sono realizzati nella loro compiutezza nel seno della Chiesa cattolica e, parimenti, anche nelle altre Chiese e Comunità cristiane però, non in una situazione di verità e di pienezza ecclesiale in quanto c'è ancora disunità tra la Chiesa cattolica e le altre Chiese e Comunità cristiane. È da sottolineare, inoltre, che nel corso della storia alcuni di questi elementi di salvezza, presenti nelle altre Chiese e comunità cristiane sono stati, a volte, maggiormente e con più valore vissuti rispetto alla storia teologica della Chiesa cattolica[9].

L'azione ecumenica vuole, perciò, sostenere e sviluppare questa comunione-unità ancora incompleta affinché si realizzi, in uno spirito di amore reciproco, la verità dell'esperienza della comunione-unità piena e visibile.

[9] Per esempio, la presenza dello Spirito del Cristo risorto in mezzo a due o più (Mt 18,20), come centro di comunione-unità per la comunità cristiana, è una chiamata di Cristo rivolta a tutti i cristiani, appartenenti a tutte le Chiese. Nel corso della storia teologica delle Chiese è stata fatta propria però, in modo speciale, dalle Chiese riformate.

6.10 Rinnovamento e conversione (UUS 15-17)

15. Passando dai principi, dall'imperativo della coscienza cristiana, alla realizzazione della via ecumenica verso l'unità, il Concilio Vaticano II mette soprattutto in rilievo *la necessità della conversione del cuore*. L'annuncio messianico "il tempo è compiuto e il Regno di Dio è vicino" e l'appello conseguente "convertitevi e credete al Vangelo" (Mc 1,15) con cui Gesù inaugura la sua missione, indicano l'elemento essenziale che deve caratterizzare ogni nuovo inizio: la fondamentale esigenza dell'evangelizzazione in ogni tappa del cammino salvifico della Chiesa. Ciò riguarda, in modo particolare, il processo al quale il Concilio Vaticano II ha dato avvio, inscrivendo nel rinnovamento il compito ecumenico di unire i cristiani tra loro divisi. "Ecumenismo vero non c'è senza interiore conversione"[21].

Il Concilio chiama sia alla conversione personale che a quella comunitaria. L'aspirazione di ogni Comunità cristiana all'unità va di pari passo con la sua fedeltà al Vangelo. Quando si tratta di persone che vivono la loro vocazione cristiana, esso parla di conversione interiore, di un rinnovamento della mente[22].

Ciascuno deve dunque convertirsi più radicalmente al Vangelo e, senza mai perdere di vista il disegno di Dio, deve mutare il suo sguardo. Con l'ecumenismo la contemplazione delle "meraviglie di Dio" (mirabilia Dei) si è arricchita di nuovi spazi nei quali il Dio Trinitario suscita l'azione di grazie: la percezione che lo Spirito agisce nelle altre Comunità cristiane, la scoperta di esempi di santità, l'esperienza delle ricchezze illimitate della comunione dei santi, il contatto con aspetti insospettabili dell'impegno cristiano. Per correlazione, il bisogno di penitenza si è anch'esso esteso: la consapevolezza di certe esclusioni che feriscono la carità fraterna, di certi rifiuti a perdonare, di un certo orgoglio, di quel rinchiudersi non evangelico

nella condanna degli "altri", di un disprezzo che deriva da una malsana presunzione. Così la vita intera dei cristiani è contrassegnata dalla preoccupazione ecumenica ed essi sono chiamati a farsi come plasmare da essa.

16. Nel magistero del Concilio vi è un chiaro nesso tra rinnovamento, conversione e riforma. Esso afferma: "La Chiesa peregrinante è chiamata da Cristo a questa continua riforma di cui essa stessa, in quanto istituzione umana e terrena, ha sempre bisogno, in modo che se alcune cose [...] sono state, secondo le circostanze di fatto e di tempo, osservate meno accuratamente, siano in tempo opportuno rimesse nel giusto e debito ordine"23. Nessuna Comunità cristiana può sottrarsi a tale appello.

Dialogando con franchezza, le Comunità si aiutano a guardarsi insieme alla luce della Tradizione apostolica. Questo le induce a chiedersi se veramente esse esprimano in modo adeguato tutto ciò che lo Spirito ha trasmesso per mezzo degli Apostoli24. Per quanto riguarda la Chiesa cattolica, a più riprese, come ad esempio in occasione dell'anniversario del Battesimo della Rus'25, o del ricordo, dopo undici secoli, dell'opera evangelizzatrice dei santi Cirillo e Metodio26, ho richiamato tali esigenze e prospettive. Più recentemente, il Direttorio per l'applicazione dei principi e delle norme sull'ecumenismo, pubblicato con la mia approvazione dal Pontificio Consiglio per la Promozione dell'Unità dei Cristiani, le ha applicate al campo pastorale27.

17. Per quanto riguarda gli altri cristiani, i principali documenti della Commissione Fede e Costituzione28 e le dichiarazioni di numerosi dialoghi bilaterali hanno già fornito alle Comunità cristiane utili strumenti per discernere ciò che è necessario al movimento ecumenico e alla conversione che esso deve suscitare. Tali studi sono importanti sotto una duplice angolatura: essi mostrano i notevoli progressi già raggiunti ed infondono speranza perché costituiscono una base sicura per la ricerca che va

proseguita ed approfondita.

La crescente comunione in una continua riforma, realizzata alla luce della Tradizione apostolica, è senza dubbio, nell'attuale situazione del popolo cristiano, uno dei tratti distintivi e più importanti dell'ecumenismo. D'altra parte, essa è anche una essenziale garanzia per il suo avvenire. I fedeli della Chiesa cattolica non possono ignorare che lo slancio ecumenico del Concilio Vaticano II è uno dei risultati di quanto la Chiesa si era allora adoperata a fare per scrutarsi alla luce del Vangelo e della grande Tradizione. Il mio Predecessore, Papa Giovanni XXIII, lo aveva ben compreso, lui che, convocando il Concilio, rifiutò di separare aggiornamento e apertura ecumenica29. Al termine di quell'assise conciliare, Papa Paolo VI, riannodando il dialogo della carità con le Chiese in comunione con il Patriarca di Costantinopoli e compiendo con lui il gesto concreto e altamente significativo che ha "relegato nell'oblio" - e ha fatto "sparire dalla memoria e dal mezzo della Chiesa" - le scomuniche del passato, ha consacrato la vocazione ecumenica del Concilio. Vale ricordare che la creazione di uno speciale organismo per l'ecumenismo coincide con l'avvio stesso della preparazione del Concilio Vaticano II30 e che, per il tramite di tale organismo, i pareri e le valutazioni delle altre Comunità cristiane hanno avuto la loro parte nei grandi dibattiti sulla Rivelazione, sulla Chiesa, sulla natura dell'ecumenismo e sulla libertà religiosa.

Per realizzare l'impegno ecumenico dobbiamo chiederci da dove iniziare. Il Vaticano II risponde che la prima tappa dovrebbe essere la conversione del cristiano alla chiamata del Vangelo, all'evangelizzazione. Per il cristiano impegnato in senso ecumenico questa chiamata del Vangelo, questa evangelizzazione corrisponderebbe alla necessità della conversione del cuore per l'unità dei cristiani.

Infatti, per poter metter in pratica i principi ecumenici bisogna che il cuore cambi al soffio dello Spirito dell'Amore di Dio. Se il cristiano sarà aperto a questa

conversione nello Spirito di Dio, potrà allora mostrare agli uomini il regno di Dio come la comunione-unità, che Dio vuole testimoniare affinché l'umanità sperimenti con quale grande amore è stata amata ed è amata dall'Amore-Dio-Uno-Trino. La missione ecumenica, come ogni altra missione alla quale l'amore di Dio chiama il credente, deve partire dal cambiamento interiore. La vita del cristiano dovrebbe diventare sempre più trasparenza di santità cioè rivelazione agli uomini della relazione d'amore tra il credente e Cristo.Il rinnovamento e la conversione del cuore sono le chiavi che aprono le porte verso un cammino di santità tra i cristiani delle diverse Chiese e Comunità.
La conversione si esplicita mediante due modalità tra loro interconnesse. C'è la conversione di tipo personale e, fondata su questa, c'è quella comunitaria. La chiamata alla conversione del cuore come conversione all'unità dei cristiani, prima di tutto, avviene nel cuore del singolo cristiano. Egli, sentendosi amato infinitamente dal Signore Gesù, decide di seguirLo, lasciandosi trasfigurare dal suo amore per essere come Lui, testimone d'unità fra Dio e gli uomini.
Se il singolo cristiano riuscirà a far trasparire l'Amore di Cristo, come amore per l'unità dei cristiani, contagerà, per attrazione, la sua comunità che si ritroverà chiamata a vivere la testimonianza dell'unità. Questa conversione all'unità abbraccia tutte le dimensioni del credente nella sua esistenza. Avviene, prima di tutto, a livello interiore, nel rinnovamento dell'anima e del cuore, e coinvolge gradualmente tutta la sua persona, anche la sua mente, che si ritroverà a pensare e a giudicare la realtà secondo i principi evangelici di Cristo. La conversione all'unità diventerà criterio ermeneutico per misurare la maturità sia del singolo e sia della sua comunità nei confronti dell'Amore di Cristo per l'unità. Infatti, nella misura in cui vengono attuate nella vita le parole del Vangelo, tanto più si acquisiscono gli stessi criteri di valutazione del Signore risorto. In poche parole: tanto più si vive il Vangelo, tanto più si vive l'unità, tanto più si segue Cristo.
Concretamente si tratta di fare sempre di più nella propria vita esperienza dell'Amore uni-trinitario di Dio che potremo descrivere come un lasciarsi amare da questo Amore, avendo come prospettiva il progetto di Dio su tutta la

creazione e, nello stesso tempo, cogliendo la volontà di Dio all'interno dell'oggi storico.

Dio ha operato e opera sempre nella storia, non solo nella storia della Chiesa cattolica ma anche in quella delle altre Chiese e Comunità cristiane. Queste sue azioni di grazia ci sorprendono e aprono nuovi orizzonti nel cammino verso l'unità visibile delle Chiese. Lo Spirito di Dio si è rivelato e continua a rivelarsi nella altre Chiese e comunità cristiane, proponendo a tutti i cristiani testimonianze di autentica santità; presentando la comunione-unità dei santi come una comunione che va al di là dei confini delle singole Chiese; manifestando ricchezze liturgiche e storiche-artistiche, che non potevano essere neanche lontanamente immaginate restando nel tepore del propria dimora ecclesiale. Al soffio dello Spirito d'Amore si è diffuso nelle Chiese un maggior desiderio di penitenza e di conversione per certe esperienze di mancanza di carità; per certi indurimenti e atrofizzazioni spirituali nel perdonare gli altri fratelli; per un atteggiamento di superiorità della propria idea ecclesiale, talmente assolutizzata, come se nella storia della propria Chiesa non vi fossero stati errori e prese di posizione sbagliate, a tal punto che gli altri cristiani fossero solo da disprezzare e non da amare e perdonare. Entrare perciò in uno spirito autenticamente ecumenico porta a lasciarsi condurre dall'Amore-Dio-Consolatore che unifica ciò che è disperso e purifica la verità dall'errore.

Il Concilio, pertanto, ha posto in rilievo il legame tra conversione, rinnovamento e riforma ecclesiale dicendo che la Chiesa cattolica ha continuamente bisogno di essere purificata e riformata in quanto realtà terrena e insieme umana.

Se alcune realtà della Chiesa, come i suoi usi, le sue tradizioni, la sua disciplina ecclesiale e anche le modalità di annuncio della dottrina cristiana sono state meno approfondite e vissute a causa delle circostanze temporali, oggi devono essere poste maggiormente in luce e considerate secondo il loro giusto ordine di significato e di ricchezza per tutti i cristiani. Questo è un valido criterio anche per ogni Chiesa e Comunità cristiana, al di là di quella cattolica. È un paradigma che serve per il dialogo e il confronto ecumenico tra i cristiani perché i cristiani

sono tra loro fratelli in Cristo e riconoscono umilmente la verità della bellezza di grazia e di virtù che il Signore Gesù ha voluto donare a ogni sua Chiesa nel corso del tempo. Per questo motivo i cristiani, in quanto fratelli, possono parlarsi nella verità che trova vita nella tradizione degli apostoli e verificare con semplicità e coraggio se realmente hanno seguito e stanno seguendo ciò che lo Spirito di Dio ha benevolmente elargito con la trasmissione apostolica. Queste indicazioni ecumeniche per i cattolici le possiamo ritrovare nelle dichiarazioni che il santo padre Giovanni Paolo II ha scritto in occasione dell'anniversario del cristianesimo in Russia o nella ricorrenza della testimonianza evangelica dei santi Cirillo e Metodio e nel Direttorio sull'ecumenismo. Per gli altri fratelli cristiani ci sono i documenti redatti dalla commissione di Fede e Costituzione e dai dialoghi bilaterali che aiutano a cogliere ciò che è indispensabile e necessario, dal punto di vista ecumenico, per la conversione e il rinnovamento.
Questi documenti ecumenici hanno un enorme valore per due aspetti. Il primo aspetto mostra ciò che si è già raggiunto con il dialogo e il confronto; il secondo aspetto rileva che ciò che si è raggiunto è la base per il conseguimento di altri punti di convergenza e anche di comunione. È la permanente riforma che avviene secondo la Tradizione apostolica una delle caratteristiche fondanti l'attuale cammino ecumenico e parimenti ne garantisce la sua fecondità futura.
Non possiamo dimenticare quanto è avvenuto con il Concilio Vaticano II che ha cercato, alla luce del Vangelo e della Tradizione apostolica, di aprire la Chiesa cattolica al movimento della comunione-unità della Chiese, quale segno della sua riforma. Infatti Giovanni XXIII non ha voluto distinguere la riforma della Chiesa cattolica dal cammino ecumenico che la Chiesa stessa doveva incominciare ad attuare. In quest'ottica Paolo VI alla chiusura del Concilio ha voluto far sparire le scomuniche tra la Chiesa cattolica e la Chiesa ortodossa di Costantinopoli, sottolineando, con questo gesto profetico e profondamente emblematico, il nuovo corso intrapreso dalla Chiesa cattolica. Non possiamo non ricordare l'istituzione nata per la preparazione del Concilio cioé il Segretariato per la promozione dell'unità dei cristiani, mediante il quale i padri delle altre Chiese e

comunità cristiane presenti hanno potuto far sentire i loro pareri specialmente sulla questione della divina rivelazione, sulla problematica ecclesiologica, sul senso dell'ecumenismo e sul significato della libertà religiosa.

6.11 Importanza fondamentale della dottrina (UUS 18-20)

18. Riprendendo un'idea che lo stesso Papa Giovanni XXIII aveva espresso in apertura del Concilio[31], il Decreto sull'ecumenismo menziona il modo di esporre la dottrina tra gli elementi della continua riforma[32]. Non si tratta in questo contesto di modificare il deposito della fede, di cambiare il significato dei dogmi, di eliminare da essi delle parole essenziali, di adattare la verità ai gusti di un'epoca, di cancellare certi articoli del Credo con il falso pretesto che essi non sono più compresi oggi. L'unità voluta da Dio può realizzarsi soltanto nella comune adesione all'integrità del contenuto della fede rivelata. In materia di fede, il compromesso è in contraddizione con Dio che è Verità. Nel Corpo di Cristo, il quale è "via, verità e vita" (Gv 14,6), chi potrebbe ritenere legittima una riconciliazione attuata a prezzo della verità? La Dichiarazione conciliare sulla libertà religiosa Dignitatis humanæ attribuisce alla dignità umana la ricerca della verità, "specialmente in ciò che riguarda Dio e la sua Chiesa"[33] e l'adesione alle sue esigenze. Uno "stare insieme" che tradisse la verità sarebbe dunque in opposizione con la natura di Dio che offre la sua comunione e con l'esigenza di verità che alberga nel più profondo di ogni cuore umano.

19. Tuttavia, la dottrina deve essere presentata in un modo che la renda comprensibile a coloro ai quali Dio stesso la destina. Nell'Epistola enciclica Slavorum apostoli, ricordavo come Cirillo e Metodio, per questo stesso motivo, si adoperassero a tradurre le nozioni della Bibbia e i concetti della teologia greca in un contesto di esperienze storiche e di pensiero molto diversi. Essi volevano che l'unica parola di Dio fosse "resa così accessibile

secondo le forme espressive, proprie di ciascuna civiltà"34. Compresero di non poter dunque "imporre ai popoli assegnati alla loro predicazione neppure l'indiscutibile superiorità della lingua greca e della cultura bizantina, o gli usi e i comportamenti della società più progredita, in cui essi erano cresciuti"35. Essi mettevano così in atto quella "perfetta comunione nell'amore [che] preserva la Chiesa da qualsiasi forma di particolarismo o di esclusivismo etnico o di pregiudizio razziale, come da ogni alterigia nazionalistica"36. Nello stesso spirito, non ho esitato a dire agli aborigeni d'Australia: "Non dovete essere un popolo diviso in due parti [...]. Gesù vi chiama ad accettare le sue parole e i suoi valori all'interno della vostra propria cultura"37. Poiché per sua natura il dato di fede è destinato a tutta l'umanità, esso esige di essere tradotto in tutte le culture. Infatti, l'elemento che decide della comunione nella verità è il significato della verità. L'espressione della verità può essere multiforme. E il rinnovamento delle forme di espressione si rende necessario per trasmettere all'uomo di oggi il messaggio evangelico nel suo immutabile significato38.

"Questo rinnovamento ha quindi un'importanza ecumenica singolare"39. E non soltanto rinnovamento nel modo di esprimere la fede, ma della stessa vita di fede. Ci si potrebbe allora chiedere: chi deve attuarlo? Il Concilio risponde chiaramente a questa domanda: esso "riguarda tutta la Chiesa, sia i fedeli che i Pastori, e tocca ognuno secondo la propria capacità, tanto nella vita cristiana di ogni giorno quanto negli studi teologici e storici"40.

20. Tutto ciò è estremamente importante e di fondamentale significato per l'attività ecumenica. Ne risulta inequivocabilmente che l'ecumenismo, il movimento a favore dell'unità dei cristiani, non è soltanto una qualche "appendice", che s'aggiunge all'attività tradizionale della Chiesa. Al contrario, esso appartiene organicamente alla sua vita e alla sua azione e deve, di conseguenza, pervadere questo insieme ed essere come il frutto di un albero che, sano e rigoglioso, cresce fino a raggiungere il suo pieno

sviluppo.

Così credeva nell'unità della Chiesa Papa Giovanni XXIII e così egli guardava all'unità di tutti i cristiani. Riferendosi agli altri cristiani, alla grande famiglia cristiana, egli constatava: "È molto più forte quanto ci unisce di quanto ci divide". Ed il Concilio Vaticano II, da parte sua, esorta: "Si ricordino tutti i fedeli che tanto meglio promuoveranno, anzi vivranno in pratica l'unione dei cristiani, quanto più si studieranno di condurre una vita conforme al Vangelo. Pertanto con quanta più stretta comunione saranno uniti col Padre, col Verbo e con lo Spirito Santo, con tanta più intima e facile azione potranno accrescere la mutua fraternità"41.

Un criterio ermeneutico centrale per una continua riforma e aggiornamento nella Tradizione apostolica della Chiesa cattolica è una diversa modalità o forma di presentare le verità di fede. Questo principio di interpretazione ecumenica è stato introdotto da Giovanni XXIII nel discorso di apertura del concilio Vaticano II e ripreso successivamente nel decreto sull'ecumenismo del concilio stesso.

Parlare di una diversa modalità di presentazione delle verità di fede non significa cambiare i dogmi cattolici per seguire e adattarsi ai tempi o togliere parole fondamentali per la comprensione degli stessi o modificarne la verità di Dio contenuta in essi.

La verità della comunione-unità visibile desiderata da Dio non si raggiunge trasformandola in un 'minimo comun denominatore'. L'unità delle Chiese esige da parte dei credenti l'adesione di fede alle verità di Dio rivelate da Cristo e dalla Chiesa secondo la Tradizione apostolica. Non possiamo assolutamente ricercare una sorta di compromesso intorno alla verità di Dio rivelatasi in Cristo con la sua incarnazione, morte e risurrezione. Seguire la Parola dell'unità, il Vangelo, significa seguire Cristo, quale via di verità su Dio, sull'uomo e sul creato. Possiamo allora chiederci se la comunione-unità visibile della Chiesa corrisponda alla rinuncia della pienezza della verità rivelata da Cristo e dalla

Chiesa da lui fondata.

No, non si tratta di questo. La visibile comunione-unità delle Chiese non è la rinuncia dell'annuncio del Vangelo. Ciò sarebbe in contraddizione con la sequela di Cristo che è la via della verità su Dio e sull'uomo, come chiamata all'unità. Cristo è Colui che ha rivelato agli uomini l'essere di Dio come unità d'amore nella distinzione trinitaria e parimenti ha indicato all'uomo la sua vocazione nel progetto originario di Dio.

Non si può sacrificare la verità su Dio e sull'uomo, fatto a sua immagine e somiglianza, in nome di una subdola ed evanescente unità tra le Chiese perché, come dice la dichiarazione Dignitatis Humanae, la ricerca della verità è intrinseca alla dignità umana.

Tanto più l'uomo ricerca sinceramente la verità su Dio e sulla sua Chiesa tanto più realizza la sua dignità umana, che vuol dire diventare sempre più se stesso "nella misura che conviene alla piena maturità di Cristo" (Ef. 4,13).

Realizzare una comunione-unità visibile rinunciando alla pienezza della verità della Rivelazione significa andare contro la volontà di Dio. Dio infatti ha creato l'uomo capace di cercare e di scoprire la verità che è l'anelito più forte presente nel cuore umano. Però la verità su Dio rivelata da Cristo deve essere spiegata e resa accessibile in modo che sia comprensibile da coloro che la sentono. Per questo il papa ricorda i santi Cirillo e Metodio, evangelizzatori dei popoli slavi, che hanno creato un alfabeto slavo proprio per rendere disponibile a questi popoli i contenuti della Parola di Dio e hanno reso chiare, esplicitandole in categorie culturali slave, le idee teologiche di origine greca.

Il Vangelo, proprio perché è la parola di Dio-Amore-Unità rivolta a tutti i popoli, deve essere fruito da ciascuno uomo secondo i criteri espressivi e culturali di quel determinato popolo di appartenenza. Questi santi bizantini non vollero evidenziare a questi popoli slavi la superiore cultura bizantina, fondata sulla filosofia greca ma cercarono, in tutti i modi, di 'farsi uno, di fare unità' con le categorie culturali di questi popoli, sull'esempio dell'apostolo Paolo, loro modello.

In questo modo attuavano quella comunione-unità nella diversità che in ogni tempo protegge la Chiesa dalla tentazione culturale particolaristica e nazionalistica. Facevano un'opera di inculturazione del Vangelo perché ogni popolo ha diritto di ricevere la Parola dell'unità secondo le proprie categorie culturali e ha il dovere di accoglierla mediante gli usi e i costumi della propria storia e tradizione.

La fede nell'Amore-Dio-Uno e Trino ha bisogno della realtà dell'inculturazione per essere veicolata in tutte le culture e in tutte le popolazioni in quanto la fede nella verità del Dio rivelato da Cristo è stata donata a tutta l'umanità di ogni tempo e di ogni luogo. Il criterio ermeneutico che decide della comunione-unità nella verità è la verità stessa nella rivelazione del Dio-Amore-Trinità-Unità. La verità è perciò il paradigma discriminante che fonda la comunione-unità visibile delle Chiese.

Parimenti questa verità di Dio-Amore-Trinità-Unità, rivelata da Cristo, deve tradursi in caratteri diversificati perché nel mondo sono presenti molteplici forme culturali che vengono rispettate nella loro dignità espressiva dalle verità della fede.

Il rinnovamento nella tradizione apostolica della comunione-unità visibile cioè la fede nella verità di Dio rivelata da Cristo deve essere oggi declinata in varie modalità culturali affinché il Vangelo, nel suo immutabile ed eterno contenuto, possa essere compreso dall'uomo odierno. Per la promozione del cammino ecumenico questo rinnovamento della forma di inculturazione della trasmissione evangelica ha una importanza basilare ed è indispensabile per la comunione-unità della Chiesa.

Questo rinnovamento sull'inculturazione della trasmissione del Vangelo non riguarda solo le modalità espressive della fede ma coinvolge anche i soggetti della stessa vita di fede. Questa attualizzazione della fede coinvolge tutta la vita della Chiesa, partendo dai pastori per arrivare a tutti fedeli secondo i loro carismi e tra questi a coloro che sono chiamati allo studio della teologia e della storia della Chiesa. Quello che abbiamo detto per il movimento e per l'azione ecumenica ha un senso e un significato basilare in quanto l'intera attività ecumenica per la Chiesa cattolica non è un'opzione secondaria, accessoria e accidentale ma si pone nel suo cuore cioè nel suo stesso essere e agire. La Chiesa cattolica è se stessa se vive e tende al suo dover essere che è appunto l'unità visibile di tutto il suo corpo, inteso come corpo di tutte le Chiese cristiane.

S. Giovanni XXIII aveva una grande fede e speranza nell'unità della Chiesa e il suo sguardo sulla Chiesa cattolica e sulle altre Chiese e comunità era appunto uno sguardo d'unità che nasceva dalla sua personale e ineffabile relazione di comunione con l'Amore-Dio-uno-trino. Spronava i fedeli cattolici a vedere le altre Chiese cogliendone il positivo al loro interno, sottolineandone i punti d'unità con la Chiesa cattolica, come se vi fosse, ed è così in realtà, un'unica grande famiglia cristiana.

Il decreto conciliare sull'ecumenismo, l'Unitatis Redintegratio, invita i cattolici a vivere con più impegno e responsabilità le parole dell'unità, le parole del Vangelo; a condurre una vita cristiana sempre più in unita con l'Amore-Dio-uno-trino. Facendo così, si potranno porre le basi per una più autentica fraternità fra i cristiani e, in tal modo, per la comunione-unità visibile dell'intera Chiesa, amata e voluta dal Signore Gesù.

6.12 Primato della preghiera (UUS 21-27)

21. "Questa conversione del cuore e questa santità della vita, insieme con le preghiere private e pubbliche per l'unità dei cristiani, si devono ritenere come l'anima di tutto il movimento ecumenico e si possono giustamente chiamare ecumenismo spirituale"[42].

Si avanza sulla via che conduce alla conversione dei cuori al ritmo dell'amore che si rivolge a Dio e, allo stesso tempo, ai fratelli: a tutti i fratelli, anche quelli che non sono in piena comunione con noi. Dall'amore nasce il desiderio dell'unità anche in coloro che ne hanno sempre ignorato

l'esigenza. L'amore è artefice di comunione tra le persone e tra le Comunità. Se ci amiamo, noi tendiamo ad approfondire la nostra comunione, ad orientarla verso la perfezione. L'amore si rivolge a Dio quale fonte perfetta di comunione - l'unità del Padre, del Figlio e dello Spirito Santo -, per attingervi la forza di suscitare la comunione tra le persone e le Comunità, o di ristabilirla tra i cristiani ancora divisi. L'amore è la corrente profondissima che dà vita ed infonde vigore al processo verso l'unità.

Tale amore trova la sua più compiuta espressione nella preghiera comune. Quando i fratelli che non sono in perfetta comunione tra loro si riuniscono insieme per pregare, il Concilio Vaticano II definisce la loro preghiera anima dell'intero movimento ecumenico. Essa è "un mezzo molto efficace per impetrare la grazia dell'unità", "una genuina manifestazione dei vincoli, con i quali i cattolici sono ancora uniti con i fratelli separati"43. Anche quando non si prega in senso formale per l'unità dei cristiani, ma per altri motivi, come, ad esempio, per la pace, la preghiera diventa di per sé espressione e conferma dell'unità. La preghiera comune dei cristiani invita Cristo stesso a visitare la comunità di coloro che lo implorano: "Dove sono due o tre riuniti nel mio nome, io sono in mezzo a loro" (Mt 18,20).

22. Quando si prega insieme tra cristiani, il traguardo dell'unità appare più vicino. La lunga storia dei cristiani segnata da molteplici frammentazioni sembra ricomporsi, tendendo a quella Fonte della sua unità che è Gesù Cristo. Egli "è lo stesso ieri, oggi e sempre!" (Eb 13,8). Nella comunione di preghiera Cristo è realmente presente; prega "in noi", "con noi" e "per noi". È Lui che guida la nostra preghiera nello Spirito Consolatore che ha promesso e ha dato alla sua Chiesa già nel Cenacolo di Gerusalemme, quando Egli l'ha costituita nella sua originaria unità.

Sulla via ecumenica verso l'unità, il primato spetta senz'altro alla preghiera comune, all'unione orante di coloro che si stringono insieme attorno a Cristo stesso. Se i cristiani, nonostante le loro divisioni, sapranno sempre di più unirsi in preghiera comune attorno a Cristo, crescerà la loro consapevolezza

di quanto sia limitato ciò che li divide a paragone di ciò li unisce. Se si incontreranno sempre più spesso e più assiduamente davanti a Cristo nella preghiera, essi potranno trarre coraggio per affrontare tutta la dolorosa ed umana realtà delle divisioni, e si ritroveranno insieme in quella comunità della Chiesa che Cristo forma incessantemente nello Spirito Santo, malgrado tutte le debolezze e gli umani limiti.

23. Infine, la comunione di preghiera induce a guardare con occhi nuovi la Chiesa e il cristianesimo. Non si deve dimenticare, infatti, che il Signore ha implorato dal Padre l'unità dei suoi discepoli, perché essa rendesse testimonianza alla sua missione ed il mondo potesse credere che il Padre lo aveva inviato (cfr. Gv 17,21). Si può dire che il movimento ecumenico abbia in un certo senso preso l'avvio dall'esperienza negativa di quanti, annunciando l'unico Vangelo, si richiamavano ciascuno alla propria Chiesa o Comunità ecclesiale; una contraddizione che non poteva sfuggire a chi ascoltava il messaggio di salvezza e che vi trovava un ostacolo all'accoglimento dell'annuncio evangelico. Purtroppo questo grave impedimento non è superato. È vero: non siamo ancora in piena comunione. Eppure, malgrado le nostre divisioni, noi stiamo percorrendo la via verso la piena unità, quell'unità che caratterizzava la Chiesa apostolica ai suoi esordi, e che noi cerchiamo sinceramente: guidata dalla fede, la nostra comune preghiera ne è la prova. In essa, ci raduniamo nel nome di Cristo che è Uno. Egli è la nostra unità.

La preghiera "ecumenica" è a servizio della missione cristiana e della sua credibilità. Per questo essa deve essere particolarmente presente nella vita della Chiesa ed in ogni attività che abbia lo scopo di favorire l'unità dei cristiani. È come se noi dovessimo sempre ritornare a radunarci nel Cenacolo del Giovedì Santo, sebbene la nostra presenza insieme, in tale luogo, attenda ancora il suo perfetto compimento, fino a quando, superati gli ostacoli frapposti alla perfetta comunione ecclesiale, tutti i cristiani si riuniranno nell'unica celebrazione dell'Eucaristia44.

24. È motivo di gioia il constatare come i tanti incontri ecumenici comportino quasi sempre la preghiera ed anzi culminino con essa. La Settimana di Preghiera per l'unità dei cristiani, che si celebra nel mese di gennaio, o intorno a Pentecoste in alcuni Paesi, è diventata una tradizione diffusa e consolidata. Ma anche al di fuori di essa, molte sono le occasioni che, durante l'anno, inducono i cristiani a pregare insieme. In questo contesto, desidero richiamarmi a quell'esperienza particolare che è il peregrinare del Papa tra le Chiese, nei diversi continenti e nei vari Paesi dell'oikoumene contemporanea. È stato il Concilio Vaticano II, ne sono ben consapevole, ad orientare il Papa verso questo particolare esercizio del suo ministero apostolico. Si può dire di più. Il Concilio ha fatto di questo peregrinare del Papa un preciso dovere, in adempimento del ruolo del Vescovo di Roma a servizio della comunione45. Queste mie visite hanno quasi sempre comportato un incontro ecumenico e la preghiera comune di fratelli che cercano l'unità in Cristo e nella sua Chiesa. Ricordo con una emozione tutta speciale la preghiera assieme al Primate della Comunione anglicana nella cattedrale di Canterbury, il 29 maggio 1982, quando, in quel mirabile edificio, riconoscevo una "dimostrazione eloquente dei nostri lunghi anni di retaggio comune e dei tristi anni di separazione che ad esso seguirono"46; né posso dimenticare quelle nei Paesi scandinavi e nordici (1-10 giugno 1989), nelle Americhe o in Africa, o quella presso la sede del Consiglio Ecumenico delle Chiese (12 giugno 1984), l'organismo che si prefigge lo scopo di chiamare le Chiese e le Comunità ecclesiali che ne fanno parte "alla mèta dell'unità visibile in un'unica fede ed in un'unica comunità eucaristica, espressa nel culto e nella vita comune in Cristo"47. E come potrei mai dimenticare la mia partecipazione alla liturgia eucaristica nella chiesa di San Giorgio, al Patriarcato ecumenico (30 novembre 1979), e la celebrazione nella Basilica di San Pietro, durante la visita a Roma del mio venerato Fratello, il Patriarca Dimitrios I (6 dicembre 1987)? In quella

circostanza, presso l'altare della Confessione, noi professammo insieme il Simbolo niceno-costantinopolitano, secondo il testo originale greco. Poche parole non bastano a descrivere i tratti specifici che hanno caratterizzato ciascuno di questi incontri di preghiera. Per i condizionamenti del passato che, in modo differenziato, gravavano su ciascuno di essi, tutti hanno una propria e singolare eloquenza; tutti sono scolpiti nella memoria della Chiesa che è orientata dal Paraclito alla ricerca dell'unità di tutti i credenti in Cristo.

25. Non soltanto il Papa si è fatto pellegrino. In questi anni, tanti degni rappresentanti di altre Chiese e Comunità ecclesiali mi hanno fatto visita a Roma e con loro ho potuto pregare, in circostanze pubbliche e private. Ho già accennato alla presenza del Patriarca ecumenico Dimitrios I. Vorrei ora anche ricordare quell'incontro di preghiera che mi ha unito, nella stessa Basilica di San Pietro, per la celebrazione dei Vespri, con gli Arcivescovi luterani, primati di Svezia e di Finlandia, in occasione del VI centenario della Canonizzazione di santa Brigida (5 ottobre 1991). Si tratta di un esempio, perché la consapevolezza del dovere di pregare per l'unità è diventata parte integrante della vita della Chiesa. Non vi è evento importante, significativo, che non benefici della presenza reciproca e della preghiera dei cristiani. Mi è impossibile elencare tutti questi incontri, benché ciascuno meriti di essere nominato. Veramente il Signore ci ha preso per mano e ci guida. Questi scambi, queste preghiere hanno già scritto pagine e pagine del nostro "Libro dell'unità", un "Libro" che dobbiamo sempre sfogliare e rileggere per trarne ispirazione e speranza.

26. La preghiera, la comunità di preghiera, ci permette sempre di ritrovare la verità evangelica delle parole "uno solo è il Padre vostro" (Mt 23,9), quel Padre, Abbà, che Cristo stesso interpella, Lui che è Figlio unigenito e della sua stessa sostanza. E poi: "Uno solo è il vostro maestro e voi siete tutti fratelli" (Mt 23,8). La preghiera "ecumenica" svela questa fondamentale dimensione di fratellanza in Cristo, che è morto per riunire insieme i figli di

Dio che erano dispersi, perché noi, diventando figli nel Figlio (cfr. Ef 1,5), rispecchiassimo più pienamente l'inscrutabile realtà della paternità di Dio e, al contempo, la verità sull'umanità propria di ciascuno e di tutti.

La preghiera "ecumenica", la preghiera dei fratelli e delle sorelle, esprime tutto questo. Essi, proprio perché separati tra di loro, con tanta maggiore speranza si uniscono in Cristo, affidandogli il futuro della loro unità e della loro comunione. A questo contesto si potrebbe ancora una volta applicare felicemente l'insegnamento del Concilio: "Il Signore Gesù quando prega il Padre, "perché tutti siano uno [...] come noi siamo una cosa sola" (Gv 17,21-22) mettendoci davanti orizzonti impervi alla ragione umana, ci ha suggerito una certa similitudine tra l'unione delle Persone divine e l'unione dei figli di Dio nella verità e nella carità"[48].

La stessa conversione del cuore, condizione essenziale di ogni autentica ricerca dell'unità, scaturisce dalla preghiera e da essa è orientata al suo compimento: "Il desiderio dell'unità nasce e matura dal rinnovamento della mente, dall'abnegazione di se stesso e dalla liberissima effusione della carità. Perciò dobbiamo implorare dallo Spirito divino la grazia della sincera abnegazione, dell'umiltà e mansuetudine nel servizio e della fraterna generosità di animo verso gli altri"[49].

27. Pregare per l'unità non è tuttavia riservato a chi vive in un contesto di divisione tra i cristiani. In quell'intimo e personale dialogo che ciascuno di noi deve intrattenere con il Signore nella preghiera, la preoccupazione dell'unità non può essere esclusa. Soltanto così, infatti, essa farà pienamente parte della realtà della nostra vita e degli impegni che abbiamo assunto nella Chiesa. Per riaffermare questa esigenza, ho voluto proporre ai fedeli della Chiesa cattolica un modello che mi sembra esemplare, quello di una suora trappista, Maria Gabriella dell'Unità, che ho proclamato beata il 25 gennaio 1983[50]. Suor Maria Gabriella, chiamata dalla sua vocazione ad essere fuori del mondo, ha dedicato la sua esistenza alla meditazione e alla preghiera

incentrate sul capitolo 17 del vangelo di san Giovanni e l'ha offerta per l'unità dei cristiani. Ecco, questo è il fulcro di ogni preghiera: l'offerta totale e senza riserve della propria vita al Padre, per mezzo del Figlio, nello Spirito Santo. L'esempio di suor Maria Gabriella ci istruisce, ci fa comprendere come non vi siano tempi, situazioni o luoghi particolari per pregare per l'unità. La preghiera di Cristo al Padre è modello per tutti, sempre e in ogni luogo.

Il Concilio parla dell'ecumenismo spirituale come anima del movimento ecumenico. La conversione del cuore, la santità della vita, la preghiera personale e comunitaria in vista dell'unità sono i pilastri che sostengono tutta l'attività ecumenica.

La conversione del cuore si attua con l'amore autentico verso Dio-Amore-Trinità-Unità e verso il prossimo. Più aumenta l'amore verso Dio, più aumenta l'amore verso i fratelli perché l'amore autentico provoca un'esperienza di unità che avviene sempre nella promozione della distinzione-identità dell'altro.

Per tal motivo l'amore apre all'unità verso i fratelli delle altre Chiese. L'amore 'consumato'[10] conduce all'Uno-Trino, sia come comunione-unità con Dio sia come comunione-unità con gli altri cristiani. E' l'amore di Cristo risorto la sorgente che crea la comunità tra le persone. La nostra tensione alla perfezione dell'amore sul modello di quella di Cristo si realizza come comunione-unità visibile in Cristo stesso. Dalla comunione-unità con l'Amore-Dio-uno-trino, nel Figlio morto e risorto scaturisce e si sviluppa la comunione-unità visibile con gli altri cristiani delle altre Chiese e Comunità.

Se mancasse l'amore di Cristo sarebbe impossibile parlare e vivere la comunione-unità visibile con gli altri cristiani. L'amore di Cristo è l'acqua di vita che bagna i cuori dei cristiani divisi, inariditi dalla disunità e li rende fecondi alla comunione-unità visibile di tutti i credenti. La manifestazione più esemplare e

[10] Per amore consumato si intende l'amore stesso che Gesù chiede ai suoi seguaci, un amore che, sull'esempio di Cristo, è pronto a dare la vita per i fratelli affinché si manifesti come amore-unità. Fra i diversi brani possiamo ricordare Gv 15,9-17; Gv 17, 1-26;1Gv 4,7-16.

toccante di questo amore nell'Amore-Dio del Figlio è la preghiera comunitaria dei cristiani divisi che si ritrovano insieme a implorare la grazia dell'unità al Dio-uno-trino. La preghiera in comune tra cattolici e cristiani di Chiese e Comunità è segno e testimonianza che i cattolici sono ancora uniti con gli altri fratelli. Quando si prega insieme anche per altre intenzioni (la pace o il creato) non indirizzate esplicitamente alla comunione-unità visibile della Chiesa, questa esperienza di comunione nella preghiera è ugualmente espressione e conferma della ricerca dell'unità ecclesiale.

Quando si prega tra due o più cristiani di Chiese e Comunità è lo stesso Cristo in mezzo (Mt. 18,20) che attua questa preghiera e la realizza pienamente in quanto è Lui stesso la stessa comunione visibile di cui i cristiani fanno esperienza, pregando insieme. Perciò quando si prega insieme si esperisce l'unità come già realizzata, un'unità che supera le divisioni avvenute nel corso della storia perché siamo già uno nel Signore Gesù, il Vivente, che è lo stesso, ieri, oggi e sempre.

La preghiera è così vissuta in Lui, con Lui e per Lui, innestata nello spirito dell'Amore-Dio-Consolatore che indirizza la comune intercessione verso l'unità originaria, l'Amore-Dio-uno-trino. Per questo la priorità nel movimento ecumenico è costituita dall'orazione comune tra cristiani di Chiese diverse. Amandosi nel comandamento del Signore Gesù, come da Lui richiesto (Gv 15,12), questa preghiera fatta insieme rende attuale qui e ora la sua mistica, reale presenza.

In questo kairos i credenti diventano coscienti che ciò che li unisce è molto più forte di quello che li divide e che la realtà di Cristo in mezzo dona forza, ardore, entusiasmo nell'affrontare i drammi delle divisioni, facendo gustare anticipatamente quella comunione-unità che si pone al di là di tutti limiti e di tutti i peccati.

Un'altra conseguenza del pregare insieme tra credenti di Chiese diverse è uno sguardo nuovo sulla Chiesa e sul cristianesimo in senso missionario. Gesù ha pregato il Padre affinché i suoi fedeli fossero un'unica cosa così da rendere testimonianza della verità su Dio e il mondo potesse credere in tale rivelazione.

Sappiamo dalla storia del movimento ecumenico che l'origine del movimento nasce da una presa di coscienza missionaria. Nelle terre di missione gli ascoltatori coglievano il Vangelo in modo divisivo cioè il Vangelo veniva proclamato secondo una determinata visione ecclesiale, addirittura opposta a quella dell'altra Chiesa.

Il contrasto tra le Chiese nell'annuncio del Vangelo non poteva essere ammesso. Provocava negli ascoltatori un senso di perplessità e di incertezza sulla verità di Dio come Amore-Uno-Trino e di riflesso sul messaggio autentico di Gesù sull'uomo.

Questa diversa visione delle Chiese sul Vangelo non è stata ancora risolta. Per questo non è stata ancora raggiunta la piena comunione-unità visibile anche se si sta camminando sulla strada dell'unità specialmente nella preghiera insieme. L'esperienza dell'unità nella preghiera realizza già ora l'unità dei cristiani nello spirito di Cristo risorto. Ciò provoca uno sguardo nuovo sulla Chiesa e sul Cristianesimo perché la preghiera in comune tra fratelli rende testimonianza di una fondata credibilità della missione della Chiesa nel mondo.

La preghiera in comune, con Gesù in mezzo, deve essere fatta per ogni iniziativa e azione di tipo ecumenico. Si tratta di rivivere in realtà l'esperienza di Gesù e gli apostoli nel Cenacolo, il giovedì santo. Anche se questa comunione-unità non è ancora realizzata, si renderà visibile pienamente quando l'Eucaristia sarà celebrata insieme. E' una grande gioia vedere che gli incontri tra cristiani siano vissuti quasi sempre nella preghiera in comune, anzi con essa raggiungono la massima espressione. C'è la Settimana di preghiera per l'unità dei cristiani che si celebra in gennaio o a Pentecoste come tradizione ormai stabilizzata e vi sono poi anche tante altre occasioni durante l'anno.

Giovanni Paolo II ricorda qui il suo servizio peregrinante tra le Chiese nelle sue visite apostoliche, servizio che ha avuto la sua consacrazione e il suo avallo con il Concilio Vaticano II. Il dovere del vescovo di Roma è quello di confermare i fedeli nella fede cattolica e, nello stesso tempo, orientarli e spronarli verso il cammino dell'unità tra tutte le Chiese.

Queste visite apostoliche hanno avuto sempre un momento ecumenico con la preghiera in comune tra fratelli cristiani che vogliono e ricercano l'unità del Signore Gesù e della sua Chiesa. L'incontro del 29 maggio 1982 con l'arcivescovo anglicano nella cattedrale di Canterbury, luogo simbolico sia per l'unità che c'era stata sia per la disunità che poi si è creata a causa dello scisma; gli incontri ecumenici nei paesi scandinavi nel giugno del 1989 e quelli nelle Americhe e in Africa; quello del 12 giugno 1984 presso il Consiglio ecumenico delle Chiese, istituzione che è nata per favorire l'unità visibile in una stessa fede e in un'unica eucaristia; i due momenti liturgici di preghiera vissuti dal papa a Istanbul il 30 novembre 1979 e a Roma il 6 dicembre 1987 insieme al patriarca ortodosso Dimitrios della Chiesa ortodossa di Costantinopoli. Tutti questi incontri dimostrano, al di là dei retaggi provocati dalle divisioni, che l'Amore-Dio-Paraclito sta muovendo le Chiese verso l'unico pastore, il Cristo Signore, nel cui nome si fa l'unità nella preghiera.

Non solo il papa è stato pellegrino d'unità in tutti questi luoghi ma molti rappresentanti delle altre Chiese e Comunità cristiane hanno risposto all'anelito dell'unità venendo a Roma a pregare insieme con lui.

La preghiera in comune con gli arcivescovi protestanti, primati di Svezia e Finlandia il 5 ottobre 1991 testifica come per i cristiani la preghiera per l'unità della Chiesa sia ormai diventata un fattore essenziale per tutte le comunità ecclesiali.

Ogniqualvolta ci si ritrova per un evento ecclesiale significativo è consuetudine pregare insieme tra cristiani. C'è solo da ringraziare il Signore Gesù che con il suo spirito sta conducendo i cristiani in questo cammino ecumenico e sta scrivendo un libro, il 'Libro dell'unità', le cui pagine dovrebbero essere sempre rilette per trovare in esse forza e luce. La preghiera in comune tra cristiani sottolinea che il Dio rivelato dal Figlio Unigenito è un Padre i cui figli sono tra loro fratelli in Cristo, affinché questa fraternità si compisse in Lui, che è la verità per ogni uomo.

La preghiera diventa ecumenica quando testimonia questa verità dell'Amore-

Dio-uno-trino nei riguardi degli uomini che credono nel suo Figlio Unigenito. I credenti si ritrovano inseme a pregare per l'unità per questo motivo, nella reale speranza che solo nel Signore Risorto la comunione-unità visibile della Chiesa si potrà realizzare pienamente. Il Concilio ci ricorda che la preghiera per l'unità dei cristiani fatta da Gesù al Padre prima di morire - 'che tutti siano uno, come noi siamo una sola cosa' - esprime un'ineffabile analogia tra la comunione-unità visibile dei fedeli nella carità e nella verità e la comunione-unità dell'Amore-Dio-uno e trino, rivelata dal Signore Gesù con la sua morte e risurrezione. La causa della conversione del cuore per l'unità della Chiesa, cioè la condizione basilare per l'edificazione dell'unità tra i cristiani, non possiamo che ritrovarla nella preghiera in comune, da cui origina e viene resa feconda la ricerca dell'unità.

Il Concilio ci indica che la preghiera ecumenica è la sorgente di questa conversione, la quale si esplicita in un rinnovamento della mente con l'abnegazione di noi se stessi. Questa conversione è sostenuta da un'autentica umiltà, operata dal dono di grazia dell'Amore-Dio-Spirito che si traduce nella vita con una carità affettiva e effettiva nei confronti degli altri fratelli cristiani.

La preghiera per l'unità però non è riservata solo a situazioni e a luoghi di palese divisione tra credenti ma è costitutiva della natura e missione della Chiesa; fa parte del suo essere e del suo dover essere ecclesiale, non solo in senso comunitario. Nella preghiera personale il cristiano di ogni Chiesa è chiamato dall'Amore Dio uno-trino a pregare per l'unità della Chiesa, a far propria la preghiera per l'unità, rivolta da Cristo al Padre prima di morire. Pregare per l'unità della Chiesa è allora una necessità intrinseca alla vita cristiana. Non si può essere cristiani se non si prega per la comunione-unità visibile della Chiesa perché il cristiano che "dice di dimorare in Cristo, deve comportarsi come Lui si è comportato." (1Gv 2,6).

Il papa ricorda la beatificazione di suor Maria Gabriella nel 1983, una suora trappista che ha donato gli anni della sua breve esistenza (1914-1939) alla preghiera e poi la vita stessa per l'unità dei cristiani. Suor Maria Gabriella, chiamata dal papa Maria Gabriella dell'Unità, ha offerto se stessa a Dio affinché si compisse l'unità visibile della Chiesa, testimoniando a tutti che la preghiera per l'unità si pone nel cuore stesso della vita cristiana e che questa preghiera non ha bisogno di luoghi e situazioni particolari di disunità ma, come Gesù ci ha insegnato, la preghiera al Padre è la vera icona della preghiera stessa, che si pone al di là del tempo e dello spazio.

6.13 Dialogo ecumenico (UUS 28-30)

28. Se la preghiera è l'"anima" del rinnovamento ecumenico e dell'aspirazione all'unità, su di essa si fonda e da essa trae sostentamento tutto ciò che il Concilio definisce "dialogo". Tale definizione non è certo senza nesso con il pensiero personalistico odierno. L'atteggiamento di "dialogo" si situa al livello della natura della persona e della sua dignità. Dal punto di vista filosofico, una tale posizione si ricollega alla verità cristiana sull'uomo espressa dal Concilio: egli infatti "in terra è la sola creatura che Dio abbia voluto per se stessa"; l'uomo non può pertanto "ritrovarsi pienamente se non attraverso un dono sincero di sé"51. Il dialogo è passaggio obbligato del cammino da percorrere verso l'autocompimento dell'uomo, del singolo individuo come anche di ciascuna comunità umana. Sebbene dal concetto di "dialogo" sembri emergere in primo piano il momento conoscitivo (dia-logos), ogni dialogo ha in sé una dimensione globale, esistenziale. Esso coinvolge il soggetto umano nella sua interezza; il dialogo tra le comunità impegna in modo particolare la soggettività di ciascuna di esse.

Tale verità sul dialogo, tanto profondamente espressa dal Papa Paolo VI nella sua Enciclica Ecclesiam suam52, è stata assunta anche dalla dottrina e dalla pratica ecumenica del Concilio. Il dialogo non è soltanto uno scambio di idee. In qualche modo esso è sempre uno "scambio di doni"53.

29. Per questo motivo, anche il Decreto conciliare sull'ecumenismo pone in

primo piano "tutti gli sforzi per eliminare parole, giudizi e opere che non rispecchiano con equità e verità la condizione dei fratelli separati e perciò rendono più difficile le mutue relazioni con essi"54. Questo Documento affronta la questione dal punto di vista della Chiesa cattolica e si riferisce al criterio che essa deve applicare nei confronti degli altri cristiani. Vi è però in tutto questo una esigenza di reciprocità. Attenersi a tale criterio è impegno di ciascuna delle parti che vogliono fare dialogo ed è condizione previa per avviarlo. Occorre passare da una posizione di antagonismo e di conflitto ad un livello nel quale l'uno e l'altro si riconoscono reciprocamente partner. Quando si inizia a dialogare, ciascuna delle parti deve presupporre una volontà di riconciliazione nel suo interlocutore, di unità nella verità. Per realizzare tutto questo, le manifestazioni del reciproco contrapporsi debbono sparire. Soltanto così il dialogo aiuterà a superare la divisione e potrà avvicinare all'unità.

30. Si può affermare, con viva gratitudine verso lo Spirito di verità, che il Concilio Vaticano II è stato un tempo benedetto, durante il quale si sono realizzate le condizioni basilari della partecipazione della Chiesa cattolica al dialogo ecumenico. D'altra parte, la presenza dei numerosi osservatori di varie Chiese e Comunità ecclesiali, il loro profondo coinvolgimento nell'evento conciliare, i tanti incontri e le preghiere comuni che il Concilio ha reso possibili, hanno contribuito a porre in atto le condizioni per dialogare insieme. Durante il Concilio, i rappresentanti delle altre Chiese e Comunità cristiane hanno sperimentato la disponibilità al dialogo dell'episcopato cattolico del mondo intero e, in particolare, della Sede Apostolica.

La preghiera è la fonte vitale, l'anima del rinnovamento e della tensione all'unità dei cristiani; è il fondamento da cui si sviluppa il dialogo ecumenico. Ma cos'è il dialogo? Il dialogo nell'uomo corrisponde alla sua intima essenza e autentica dignità in quanto l'essere e l'agire umano trovano la propria realizzazione grazie ad esso.

Questa verità antropologica dell'essere umano come dialogo manifesta la creazione dell'uomo a immagine e somiglianza di Dio, che è il Dialogo per eccellenza in quanto Amore-Uno-Trino. Il Dio rivelato da Gesù Cristo, infatti, è dialogo in sé e dialogo fuori di sé. Queste due dimensioni sono fondamentali per comprendere l'essere e l'agire di Dio in se stesso e l'atto di creazione delle cose da parte di Dio. Queste due realtà (ad intra e ad extra) si presentano come un unico atto d'essere dialogico d'amore-unità. L'uomo sulla terra è l'unica creatura voluta per se stessa da Dio come l'altro relazionale creato. L'uomo quindi può divenire e ritrovare se stesso solamente donandosi perché creato a immagine del suo creatore, che è l'Amore-Dio in un dialogo uno-trino. L'uomo compie la sua realizzazione umana e divina attraverso la strada del dialogo sincero, che si esplicita come la pienezza di una vita singola e comunitaria insieme.

Di primo acchito il dialogo sembrerebbe presentarsi come una semplice dimensione conoscitiva di sé e dell'altro ma, ogni atto dialogico si situa in un contesto esistenziale, coinvolgendo l'uomo nella sua globalità. Quando l'uomo dialoga offre tutto se stesso, non dà solo qualcosa di sé e questo si riflette sulla comunità che viene a crearsi. L'enciclica 'Ecclesiam Suam' del Santo padre Paolo VI può essere ritenuta la base per la dottrina e l'azione ecumenica perché il dialogo non è una mera presentazione di idee ma è, se autentico, una vera reciprocità di doni.

In questo senso l'azione ecumenica deve mirare a eliminare tutti gli ostacoli quali le parole, i giudizi e i fatti che non descrivono in modo vero la reale situazione dei fratelli separati, rendendo di conseguenza problematico il rapporto con loro.

L'Unitatis Redintegratio presenta l'ecumenismo secondo la Chiesa cattolica ma il principio del dialogo come un donarsi reciproco è una condizione previa per tutti i cristiani che vogliono vivere in un vero atteggiamento ecumenico.

Nell'ecumenismo la posizione conflittuale è anacronistica. Il dialogo come dono reciproco riconosce il fratello come fratello in Cristo; anzi insieme, in quanto fratelli amati e redenti dal Signore risorto, si ricerca la riconciliazione che corrisponde alla scoperta dell'unità nella verità. Niente contrapposizioni quindi ma volontà indefessa di comunione per andare al di là delle divisioni e delle discordie, favorendo così un cammino verso l'unità, alla quale il Signore sempre ci chiama.

Il concilio Vaticano II è stato il luogo in cui questa realtà di reciprocità si è realizzata e dove si sono posti i fondamenti del dialogo ecumenico. Questa esperienza di koinonia è stata vissuta con la partecipazione attiva sulle questioni discusse e con la preghiera condivisa da parte di osservatori delle altre Chiese e Comunità ecclesiali. In questo modo questi osservatori hanno preso coscienza della sincera volontà al dialogo da parte del papa, della sede apostolica e dei vescovi della Chiesa cattolica.

6.14 Strutture locali di dialogo (UUS 31-32)

31. L'impegno per il dialogo ecumenico, così come esso si è palesato sin dai tempi del Concilio, lungi dall'essere prerogativa della Sede Apostolica, incombe anche alle singole Chiese locali o particolari. Speciali commissioni per la promozione dello spirito e dell'azione ecumenica sono state istituite dalle Conferenze Episcopali e dai Sinodi delle Chiese orientali cattoliche. Analoghe ed opportune strutture operano a livello delle singole diocesi. Tali iniziative attestano il coinvolgimento concreto e generale della Chiesa cattolica nell'applicare gli orientamenti conciliari sull'ecumenismo: è questo un aspetto essenziale del movimento ecumenico[55]. Il dialogo non soltanto è stato intrapreso; esso è diventato una necessità dichiarata, una delle priorità della Chiesa; si è di conseguenza affinata la "tecnica" per dialogare, favorendo nel contempo la crescita dello spirito di dialogo. In questo contesto ci si vuole prima di tutto riferire al dialogo tra i cristiani delle diverse Chiese o Comunità, "avviato tra esponenti debitamente preparati, nel quale ognuno espone più a fondo la dottrina della propria comunità, e ne

presenta con chiarezza le caratteristiche"56. Tuttavia giova ad ogni fedele conoscere il metodo che permette il dialogo.

32. Come afferma la Dichiarazione conciliare sulla libertà religiosa, "la verità va cercata in modo rispondente alla dignità della persona umana e alla sua natura sociale, cioè con una ricerca libera, con l'aiuto del Magistero o dell'insegnamento, della comunicazione e del dialogo, con cui, allo scopo di aiutarsi vicendevolmente nella ricerca della verità, gli uni espongono agli altri la verità che hanno scoperta o che ritengono di avere scoperta; e alla verità conosciuta si deve aderire fermamente con assenso personale"57.

Il dialogo ecumenico ha una importanza essenziale. "Infatti con questo dialogo tutti acquistano una conoscenza più vera e una più giusta stima della dottrina e della vita di entrambe le Comunioni, e inoltre quelle Comunioni conseguono una più ampia collaborazione in qualsiasi dovere richiesto da ogni coscienza cristiana per il bene comune e, nel modo come è permesso, si radunino per pregare insieme. Infine, tutti esaminano la loro fedeltà alla volontà di Cristo circa la Chiesa e, com'è dovere, intraprendono con vigore l'opera di rinnovamento e di riforma"58.

Il dialogo ecumenico spetta a tutta la Chiesa cattolica, non solo alla sede apostolica e al papa ma a tutte le diocesi e comunità cattoliche. Le conferenze episcopali, i sinodi delle Chiese orientali cattoliche e le singole Chiese locali hanno istituito a partire dal Concilio Vaticano II gruppi e commissioni per lo sviluppo del cammino ecumenico.

Tutta la Chiesa cattolica si è impegnata concretamente a vivere un autentico spirito ecumenico secondo i dettami del Concilio Vaticano II e degli altri documenti postconciliari sull'ecumenismo.

Per la Chiesa cattolica il dialogo ecumenico non è un fatto secondario della sua azione ecclesiale o un'azione dipendente dalla sensibilità ecumenica del vescovo locale ma è colto come una necessità prioritaria dei nostri tempi. In questi anni la

Chiesa cattolica ha deciso di essere maggiormente coinvolta nell'ecumenismo proprio per attuare gli insegnamenti del Concilio, migliorando la sua capacità di dialogo con gli altri e sollecitando i fedeli cattolici ad una formazione ecumenica. La formazione ecumenica inizia da un'approfondita conoscenza della dottrina della propria Chiesa o Comunità ecclesiale. I cristiani, debitamente preparati in teologia, avranno perciò la possibilità di presentare in modo appropriato i fondamenti e le ricchezze della loro dottrina. Per ogni cristiano comprendere e attuare il metodo che rende possibile il dialogo per la ricerca della verità è un dovere da cui non si prescindere, prima di tutto per lo sviluppo della verità all'interno della propria Chiesa e poi, di riflesso, per quella ecumenica, con gli altri cristiani.

La ricerca della verità distingue l'uomo da tutti gli altri esseri viventi e ne costituisce l'intima essenza. Nella libertà religiosa, che è quella libertà che rende l'uomo autenticamente uomo, la ricerca della verità su Dio coincide anche con il rispetto della dignità dell'uomo in quanto creato a sua immagine. La verità su Dio rivela la verità sull'uomo e viceversa. L'uomo perciò deve essere libero da qualsiasi impedimento che ostacoli questo suo cammino. Inoltre questa ricerca avviene con il totale coinvolgimento dell'uomo, che in tale esperienza si connota come un essere relazionale e sociale in quanto essere dialogico.

In questo suo impegno per la verità su Dio l'uomo può essere aiutato dalla riflessione magisteriale e da una conoscenza su Dio che viene a costruirsi mediante un dialogo sincero con le persone. Dio ha creato l'essere umano capace di scoprire la verità su di Lui. A questa vitale esperienza l'uomo vi aderisce personalmente e da essa riparte in quanto la verità su Dio si dà come una relazione in cui l'uomo si ritrova felicemente sorpreso perché è la verità che ci possiede, non è l'uomo a possederla. Il dialogo ecumenico si pone all'interno di questa cornice di riferimento. Viene vissuto secondo una prospettiva di ricerca della verità su Cristo e della sua Chiesa. Nel dialogo ecumenico i cristiani si donano reciprocamente l'appartenenza alla propria tradizione ecclesiale e insieme accolgono il patrimonio delle altre Chiese. Agendo così giungono a una

più profonda e reale conoscenza e ad una stima più autentica della dottrina e della vita dell'altra Chiesa o Comunità ecclesiale.
Questa vicendevole conoscenza produce una maggior condivisione di azioni comuni per il bene della società intera e una sincera volontà di pregare insieme il Signore affinché il suo spirito aiuti i credenti a rispondere con coraggio alle difficili sfide del nostro tempo.
Il dialogo ecumenico inoltre favorisce un attento esame di coscienza per verificare se tra i cristiani vi sia un'effettiva e sincera fedeltà alla volontà di Cristo sulla sua Chiesa con l'inderogabile azione di riforma e di aggiornamento ecclesiale.

6.15 Dialogo come esame di coscienza (UUS 33-35)

33. Nell'intento del Concilio, il dialogo ecumenico ha il carattere di una comune ricerca della verità, in particolare sulla Chiesa. Infatti, la verità forma le coscienze ed orienta il loro agire a favore dell'unità. Allo stesso tempo, essa esige che la coscienza dei cristiani, fratelli fra loro divisi, e le loro opere siano sottomesse alla preghiera di Cristo per l'unità. Vi è sinergia tra preghiera e dialogo. Una preghiera più profonda e consapevole rende il dialogo più ricco di frutti. Se da una parte, la preghiera è la condizione per il dialogo, dall'altra essa ne diventa, in forma sempre più matura, il frutto.
34. Grazie al dialogo ecumenico possiamo parlare di maggiore maturità della nostra reciproca preghiera comune. Ciò è possibile in quanto il dialogo adempie anche e contemporaneamente alla funzione di un esame di coscienza. Come non ricordare in questo contesto le parole della Prima Lettera di Giovanni? "Se diciamo che siamo senza peccato, inganniamo noi stessi e la verità non è in noi. Se riconosciamo i nostri peccati, egli (Dio) che è fedele e giusto ci perdonerà i peccati e ci purificherà da ogni colpa" (1,8-9). Giovanni si spinge ancora più in là quando afferma: "Se diciamo che non

abbiamo peccato, facciamo di lui un bugiardo e la sua parola non è in noi" (1,10). Una esortazione tanto radicale a riconoscere la nostra condizione di peccatori deve anche essere una caratteristica dello spirito con il quale si affronta il dialogo ecumenico. Se esso non diventasse un esame di coscienza, come un "dialogo delle coscienze", potremmo noi contare su quella certezza che la medesima Lettera ci trasmette? "Figlioli miei, vi scrivo queste cose perché non pecchiate; ma se qualcuno ha peccato, abbiamo un avvocato presso il Padre: Gesù Cristo giusto. Egli è vittima di espiazione per i nostri peccati; non soltanto per i nostri, ma anche per quelli di tutto il mondo" (2,1-2). Tutti i peccati del mondo sono stati compresi nel sacrificio salvifico di Cristo, e dunque anche quelli commessi contro l'unità della Chiesa: i peccati dei cristiani, dei pastori non meno che dei fedeli. Anche dopo i tanti peccati che hanno contribuito alle storiche divisioni, l'unità dei cristiani è possibile, a patto di essere umilmente consapevoli di aver peccato contro l'unità e convinti della necessità della nostra conversione. Non soltanto i peccati personali debbono essere rimessi e superati, ma anche quelli sociali, come a dire le "strutture" stesse del peccato, che hanno contribuito e possono contribuire alla divisione e al suo consolidamento.

35. Ancora una volta il Concilio Vaticano II ci viene in aiuto. Si può dire che l'intero Decreto sull'ecumenismo sia pervaso dallo spirito di conversione59. Il dialogo ecumenico acquista in questo documento un carattere proprio; esso si trasforma in "dialogo della conversione", e dunque, secondo l'espressione di Papa Paolo VI, in autentico "dialogo della salvezza"60. Il dialogo non può svolgersi seguendo un andamento esclusivamente orizzontale, limitandosi all'incontro, allo scambio di punti di vista, o persino di doni propri a ciascuna Comunità. Esso tende anche e soprattutto ad una dimensione verticale, la quale lo orienta verso Colui che, Redentore del mondo e Signore della storia, è la nostra riconciliazione. La dimensione verticale del dialogo sta nel comune e reciproco riconoscimento della nostra condizione di uomini e donne che hanno peccato. È proprio esso ad aprire

nei fratelli che vivono entro Comunità non in piena comunione fra di loro, quello spazio interiore in cui Cristo, fonte dell'unità della Chiesa, può agire efficacemente, con tutta la potenza del suo Spirito Paraclito.

Secondo il Concilio Vaticano II il senso del dialogo ecumenico è quello di scoprire insieme ai fratelli cristiani la verità sulla volontà di Dio, in modo speciale la volontà di Dio sulla verità della Chiesa voluta dal Signore Gesù.

Ricercare insieme la verità mediante un sincero e rispettoso dialogo sviluppa una maggior coscienza della realtà cristiana; indirizza e sprona i cristiani delle diverse Chiese ad agire per favorire l'unità visibile. La coscienza cristiana, che viene a formarsi con il dialogo ecumenico, provoca un attento esame di riflessione e di umiltà tra i fedeli cristiani affinché il loro agire sia vissuto prima di tutto nella preghiera. E' attraverso la preghiera che l'Amore-Dio-Uno-Trino purifica le coscienze dei cristiani divisi e li abilita a promuovere azioni secondo la volontà di Cristo, che è l'Unità di Dio nella storia degli uomini. Sussiste uno strettissimo legame tra la preghiera ecumenica e il dialogo ecumenico. Maggiore sarà l'intensità con cui si prega insieme al Signore Gesù tra due o più cristiani, maggiore sarà lo sviluppo del dialogo ecumenico. Il dialogo si pone nella realtà dello Spirito del Signore Risorto, che rende e riconcilia in unità le diversità tra loro distanti.

Pregare insieme tra fratelli cristiani è la sorgente di vita del dialogo ecumenico. Contemporaneamente la preghiera diventa segno e riflesso della maturità del dialogo stesso. La preghiera ecumenica esplicita più coscientemente e consapevolmente la sfida dell'unità perché dialogare tra credenti nel nome del Signore Gesù significa fare l'esperienza di un sincero e autentico esame di coscienza. Giovanni nella sua prima lettera si chiede quale sia la relazione tra l'esperienza del peccato e quella della verità. Chi si dichiara senza peccato non dice la verità prima di tutto a se stesso per cui la verità non vive in lui. Se diciamo di essere peccatori Dio ci perdonerà e purificherà le nostre anime dalla colpa. Se invece diciamo di non essere peccatori presentiamo Dio come un bugiardo perciò la sua Parola di Verità non può assolutamente vivere in noi.

Quando i cristiani di Chiese diverse si ritrovano per dialogare, devono riconoscersi umilmente peccatori nei confronti di Dio-Amore-Trinità-Unità. Se il dialogo ecumenico non fosse vissuto come un sincero esame di coscienza nello Spirito del Signore risorto allora quello che dice Giovanni nella sua prima lettera sarebbe un non-senso. Giovanni scrive affinché i cristiani non pecchino ma se ci fosse qualcuno che avesse peccato, Cristo con la sua morte e risurrezione si presenta come nostro avvocato perché si è sacrificato per i peccati di tutto il mondo.

Gesù Cristo è morto e risorto anche per i peccati che hanno provocato e continuano a causare la disunità nella sua Chiesa a cominciare dal papa, dai vescovi sino ad arrivare ai fedeli delle varie Chiese e Comunità cristiane. Se si prende coscienza che la vera causa della divisione tra le Chiese sono stati e sono tuttora i peccati dei cristiani e degli uomini, allora sarà possibile realizzare l'unità nella Chiesa di Signore. Non si tratta solo di peccati personali ma anche di quelli sociali cioè di quei peccati legati alle strutture create dal peccato che hanno fomentato e continuano ad alimentare la disunità.

Il papa ricorda che l'anima del decreto conciliare sull'ecumenismo è lo sguardo e lo spirito di conversione presente in esso. Il dialogo ecumenico è un dialogo che si presenta come un'esperienza di conversione per i cristiani coinvolti. Sulla scia di quanto detto da Paolo VI si potrebbe definire, essendo fondato sulla conversione, anche come un vero dialogo della salvezza. Il dialogo ecumenico si prospetta secondo un asse orizzontale, costituito da incontri in cui ogni cristiano esprime la convinzione dottrinale propria e da reciproci scambi di doni della propria comunità d'appartenenza. C'è poi un asse verticale, quello fondamentale, essenziale, vitale del dialogo stesso che è l'orizzonte spirituale, dove la presenza dello Spirito del Signore risorto in mezzo a due o più cristiani realizza l'autentica riconciliazione dell'unità delle diversità. Per attuare questa presenza del Signore risorto è necessaria l'umile presa di coscienza di essere peccatori che i cristiani delle diverse Chiese e Comunità riconoscono gli uni nei confronti degli altri. Il vicendevole riconoscimento della condizione di peccatori porta il dialogo ecumenico a sviluppare nei cristiani una forza spirituale in cui la presenza dello Spirito del Signore risorto, quale Amore-Dio-Unità della Chiesa, provoca e alimenta un'azione più incisiva ed efficace in vista dell'unità.

6.16 Dialogo per risolvere le divergenze (UUS 36-39)

36. Il dialogo è anche strumento naturale per mettere a confronto i diversi punti di vista e soprattutto esaminare quelle divergenze che sono di ostacolo alla piena comunione dei cristiani tra di loro. Il Decreto sull'ecumenismo si sofferma, in primo luogo, a descrivere le disposizioni morali con le quali vanno affrontate le conversazioni dottrinali: "Nel dialogo ecumenico i teologi cattolici, restando fedeli alla dottrina della Chiesa, nell'investigare con i fratelli separati i divini misteri devono procedere con amore della verità, con carità e umiltà"[61].

L'amore della verità è la dimensione più profonda di una autentica ricerca della piena comunione tra i cristiani. Senza quest'amore, sarebbe impossibile affrontare le obiettive difficoltà teologiche, culturali, psicologiche e sociali che si incontrano nell'esaminare le divergenze. A questa dimensione interiore e personale va inseparabilmente associato lo spirito di carità e di umiltà. Carità verso l'interlocutore, umiltà verso la verità che si scopre e che potrebbe richiedere revisioni di affermazioni e di atteggiamenti.

Per quanto riguarda lo studio delle divergenze, il Concilio richiede che tutta la dottrina sia esposta con chiarezza. Nello stesso tempo, esso domanda che il modo ed il metodo di enunciare la fede cattolica non sia di ostacolo al dialogo con i fratelli[62]. Certamente è possibile testimoniare la propria fede e spiegarne la dottrina in un modo che sia corretto, leale e comprensibile, e tenga contemporaneamente presenti sia le categorie mentali che l'esperienza storica concreta dell'altro.

Ovviamente, la piena comunione dovrà realizzarsi nell'accettazione della verità tutta intera, alla quale lo Spirito Santo introduce i discepoli di Cristo. Va pertanto ed assolutamente evitata ogni forma di riduzionismo o di facile "concordismo". Le questioni serie vanno risolte perché se non lo fossero, esse riapparirebbero in altri tempi, con identica configurazione o sotto altre spoglie.

37. Il Decreto Unitatis redintegratio indica anche un criterio da seguire quando si tratta per i cattolici di presentare o mettere a confronto le dottrine: "Si ricordino che esiste un ordine o "gerarchia" nelle verità della dottrina cattolica, essendo diverso il loro nesso con il fondamento della fede cristiana. Così si preparerà la via, nella quale, per mezzo di questa fraterna emulazione, tutti saranno spinti verso una più profonda conoscenza e una più chiara manifestazione delle insondabili ricchezze di Cristo"63.

38. Nel dialogo ci si imbatte inevitabilmente nel problema delle differenti formulazioni con le quali è espressa la dottrina nelle varie Chiese e Comunità ecclesiali, ciò che ha più di una conseguenza per il compito ecumenico.

In primo luogo, davanti a formulazioni dottrinali che si discostano da quelle abituali alla comunità alla quale si appartiene, conviene senz'altro appurare se le parole non sottintendano un identico contenuto, come è stato, ad esempio, constatato in recenti dichiarazioni comuni, firmate dai miei Predecessori e da me, assieme a Patriarchi di Chiese con le quali esisteva da secoli un contenzioso cristologico. Per quanto riguarda la formulazione delle verità rivelate, la Dichiarazione Mysterium Ecclesiæ afferma: "Sebbene le verità che la Chiesa con le sue formule dogmatiche intende effettivamente insegnare si distinguano dalle mutevoli concezioni di una determinata epoca e possano essere espresse anche senza di esse, può darsi tuttavia che quelle stesse verità del sacro Magistero siano enunciate con termini che risentono di tali concezioni. Ciò premesso, si deve dire che le formule dogmatiche del Magistero della Chiesa fin dall'inizio furono adatte a comunicare la verità

rivelata, e che restano sempre adatte a comunicarla a chi le comprende rettamente"64. A questo riguardo, il dialogo ecumenico, che stimola le parti in esso coinvolte ad interrogarsi, capirsi, spiegarsi reciprocamente, permette inattese scoperte. Le polemiche e le controversie intolleranti hanno trasformato in affermazioni incompatibili ciò che era di fatto il risultato di due sguardi tesi a scrutare la stessa realtà, ma da due diverse angolazioni. Bisogna oggi trovare la formula che, cogliendo la realtà nella sua interezza, permetta di trascendere letture parziali e di eliminare false interpretazioni.
Uno dei vantaggi dell'ecumenismo è che per suo tramite le Comunità cristiane sono aiutate a scoprire l'insondabile ricchezza della verità. Anche in questo contesto, tutto ciò che lo Spirito opera negli "altri" può contribuire all'edificazione di ogni comunità65 e in un certo modo ad istruirla sul mistero di Cristo. L'ecumenismo autentico è una grazia di verità.
39. Il dialogo infine pone gli interlocutori di fronte a vere e proprie divergenze che toccano la fede. Soprattutto queste divergenze vanno affrontate con sincero spirito di carità fraterna, di rispetto delle esigenze della propria coscienza e della coscienza del prossimo, con profonda umiltà e amore verso la verità. Il confronto in questa materia ha due punti di riferimento essenziali: la Sacra Scrittura e la grande Tradizione della Chiesa. Ai cattolici viene in aiuto il Magistero sempre vitale della Chiesa.

La natura della dimensione dialogica tra i cristiani risiede anche nel porre a confronto e in discussione le diverse accentuazioni e criticità che sono di rottura della comunione-unità delle Chiese. Il concilio Vaticano II nel decreto sull'ecumenismo sottolinea come i teologi cattolici devono presentare la verità della dottrina cattolica conforme al magistero e offrirla in umiltà e in carità. Ciò che spinge alla ricerca della comunione-unità delle Chiese è sostenuto dall'amore per la verità di Cristo sulla Sua sposa. È questo profondo amore per la verità di Cristo sulla sua Chiesa che spinge i cristiani ad analizzare le oggettive divergenze avvenute nella storia, prima in ambito teologico e poi a livello culturale, psicologico e sociale. Non si possono affrontare le questioni senza un impegno personale di santificazione secondo un autentico spirito di umiltà e di carità. Tale contesto di umiltà-carità provoca un atteggiamento di amore verso il fratello dell'altra Chiesa e di umiltà verso la verità di Cristo, che stimola anche a ripensare le proprie affermazioni teologiche e culturali in vista della verità.

Le questioni che creano difficoltà devono essere esaminate ed esposte secondo la dottrina cattolica in modo esauriente e chiaro. Il modo con cui viene esposta la dottrina cattolica quando si affrontano le questioni divisive non deve diventare il pretesto per affermare che il dialogo su tali questioni è impossibile.

La testimonianza che il cattolico deve rivelare in questi casi deve essere da una parte fedele alla dottrina cattolica e, dall'altra, questa visione teologica deve essere comprensibile al fratello delle altre Chiese e Comunità ecclesiali. La piena comunione-unità tra i cristiani accade se si è aperti ad accogliere la verità intera di Cristo sulla sua Chiesa, operata dall'Amore-Dio-Consolatore che guida i cristiani verso l'unità visibile. Ciò significa che la ricerca della verità intera di Cristo sulla sua Chiesa non può assolutamente comportare riduzioni o irenici e facili compromessi concordaristici. Le divergenze vanno affrontate in modo serio e responsabile, sviscerate esaustivamente senza timori e perplessità perché se ciò non avvenisse le stesse questioni si ripresenterebbero in un altro tempo secondo altre caratteristiche e modalità. Giovanni Paolo II ci ricorda che, per quanto concerne la presentazione della dottrina cattolica e le questioni teologiche, esiste nel credo cattolico un ordine, una gerarchia nelle verità. Ciò significa che le verità della teologia cattolica differiscono in relazione al nucleo centrale della dottrina cattolica. *Questo nucleo centrale consiste nella fede del mistero trinitario e nella fede del mistero di Cristo Gesù, come seconda persona della Trinità, che è si è incarnata nella storia, è morta ed è risorta.*

C'è perciò una differente posizione di alcune verità teologiche rispetto ad altre cioè esiste una gerarchia nelle verità della dottrina cattolica che si fonda proprio sul fatto che c'è tra loro un legame diverso con il nucleo centrale della fede.

Questo nucleo centrale non appartiene solamente alla fede cattolica ma a tutte le fedi cristiane. È la base comune teologica di tutte le Chiese su cui si può intessere il dialogo teologico. Se si dialoga perciò partendo dalla coscienza del principio della gerarchia nella verità in ambito cattolico e dal comune nucleo della fede cristiana, è possibile una sana e fraterna azione di approfondimento e di ricerca della comprensione e di rivelazione dell'ineffabile mistero dell'Amore-Dio-Trino e Uno.

Quando ci si incontra tra cristiani per dialogare teologicamente nasce la questione della diversa esposizione e forma con cui nel corso della storia le varie Chiese hanno voluto esprimere la dottrina cristiana. Queste diverse formulazioni della verità di Cristo hanno un'evidente e problematica ricaduta nella ricerca dell'unità visibile dei cristiani. Però queste diverse modalità espressive possono nascondere in realtà un medesimo contenuto di verità. Questo è stato riconosciuto e rivelato da alcune dichiarazioni comuni sul significato della verità cristologica tra la Chiesa cattolica e le antiche Chiese sorte nei primi secoli[11]. Dobbiamo dire che sul senso delle affermazioni dogmatiche la verità teologica in quanto tale si evidenzia di per se stessa, al di là della cultura storica in cui viene formulata. Di contro i criteri culturali di una determinata epoca storica influenzano, direttamente e/o indirettamente, la forma enunciativa dogmatica, ma non intaccano il contenuto teologico di verità, espresso dalla formula stessa.

Le enunciazioni del dogma cristiano da sempre sono riuscite a veicolare l'autenticità della verità di Dio rivelata da Cristo e, nello stesso tempo, sono corrette a esprimerla per colui che la riconosce in modo sincero e retto. Il bene del dialogo ecumenico tra i cristiani si evidenzia dal fatto che porta i credenti a porsi sinceramente in ricerca, a donarsi reciprocamente la propria visione teologica e a giungere a inaspettate scoperte della verità cristiana. Storicamente le controversie sulle questioni teologiche sono nate e si sono sviluppate perché i cristiani di una Chiesa hanno cristallizzato e sclerotizzato in modo unilaterale e

[11] Enchiridion Oecumenicum vol.1 nn.2219-2229; Enchiridion Oecumenicum vol.3 nn.1947-1952 e nn.1996-2000.

intollerante la propria espressione dogmatica. In realtà non hanno fatto altro che fermarsi a vedere e a interpretare la verità cristiana secondo un'unica e determinata posizione. Mentre la stessa cosa hanno fatto gli altri credenti, partendo da un'altra angolazione. Per riuscire a realizzare la missione ecumenica, bisognerebbe acquisire una visione globale delle questioni teologiche discusse e trovare quelle formulazioni che rispettino insieme le verità rivelate da parte di tutte che le Chiese coinvolte. Così i cristiani si potrebbero riconoscere in un'identica enunciazione dogmatica, fatta non di compromessi o di parziali interpretazioni ma, espressione di una stessa pienezza di verità. Un reale frutto positivo del cammino ecumenico è che le Chiese, dialogando sinceramente tra loro, hanno scoperto la profonda e inestimabile ricchezza della verità del mistero cristiano nelle sue diverse formulazioni dogmatiche. Ciò significa che tutto quello che nel corso della storia lo Spirito di Dio ha prodotto e compiuto nella teologia degli altri fratelli cristiani è colto come un aiuto nella costruzione della Chiesa intera e come un insegnamento nella ricerca della verità intorno al mistero di Cristo. Quando l'azione ecumenica si incammina secondo questo orizzonte e attua concretamente tale prospettiva essa diventa un cammino di grazie per l'affermazione autentica della verità cristiana. Quando i cristiani di Chiese diverse si trovano insieme a discutere teologicamente su questioni divergenti, ciò deve provocare e alimentare a livello personale uno spirito di fraternità nel Dio-Amore-Uno-Trino, nel rispetto reciproco della propria e altrui realtà di coscienza, nel contesto di una sincera ricerca della verità cristiana. Avendo in comune la Sacra Scrittura e la Tradizione, come si è sviluppata nella storia di ogni singola Chiesa e per i cattolici, anche il carisma magisteriale, i cristiani possono realizzare questi incontri in uno spirito di autentica fraternità e verità in cui Cristo stesso - Via, Verità e Vita - sia presente in mezzo a loro (Mt 18,20).

6.17 La collaborazione pratica (UUS 40)

40. Le relazioni tra i cristiani non tendono alla sola conoscenza reciproca, alla preghiera comune ed al dialogo. Esse prevedono ed esigono sin da ora ogni possibile collaborazione pratica ai vari livelli: pastorale, culturale, sociale, e anche nella testimonianza al messaggio del Vangelo[66].

"La cooperazione di tutti i cristiani esprime vivamente quella unione, che già vige tra di loro, e pone in una luce più piena il volto di Cristo servo"[67]. Una tale cooperazione, fondata sulla fede comune, non soltanto è densa di comunione fraterna, ma è una epifania di Cristo stesso.

Inoltre, la cooperazione ecumenica è una vera scuola di ecumenismo, è una via dinamica verso l'unità. L'unità di azione conduce alla piena unità di fede: "Da questa cooperazione i credenti in Cristo possono facilmente imparare come gli uni possano meglio conoscere e maggiormente stimare gli altri, e come si appiani la via verso l'unità dei cristiani"[68].

Agli occhi del mondo la cooperazione tra i cristiani assume le dimensioni della comune testimonianza cristiana e diventa strumento di evangelizzazione a beneficio degli uni e degli altri.

I cristiani non dialogano solo a parole cioè nella preghiera o nella conoscenza reciproca o affrontando questioni teologiche. C'è anche un dialogo che porta all'azione e alla collaborazione reciproca. Queste concrete collaborazioni tra i credenti avvengono secondo programmi che si collocano a livello pastorale, culturale, sociale, diventando espressione di una comune testimonianza evangelica. Questa cooperazione rivela già da ora che la fede in Cristo unisce le varie Chiese e manifesta l'autentica rivelazione dell'Amore-Dio incarnato che si china, quale servo dell'uomo, sulle sofferenze umane.

L'azione ecumenica produce così un insegnamento che diventa una via per la comunione-unità visibile della Chiesa. Questa cooperazione si rivela come una scuola fondata sulla testimonianza al mondo della stessa identica fede nell'Amore-Dio-Trinità-Unità e nella missione salvifica di Cristo. In questa scuola di vita ecumenica i cristiani, agendo insieme nello spirito del Cristo morto e risorto, imparano a conoscersi di più, a stimarsi di più e a concorrere insieme alla comunione-unità visibile di tutta la Chiesa.

Questa collaborazione è salutare e benefica, prima di tutto, ai cristiani stessi e poi al mondo che, in se stesso tende all'unità perché creato da Dio in vista dell'unità. È perciò strumento di evangelizzazione: la comunione-unità visibile è funzionale alla salvezza in Cristo, che nel mistero della Sua vita, morte e risurrezione ha salvato gli uomini, rivelando loro come l'Amore del Dio Uno-Trino li abbia amati e redenti.

Conclusione

Al termine di questo percorso possiamo sintetizzare l'impegno ecumenico della Chiesa cattolica almeno secondo sette principi basilari proposti dal suo magistero.

1) Per la Chiesa cattolica l'unità dei cristiani è l'espressione visibile dell'unità trinitaria.

2) La Chiesa è stata creata da Dio per rivelare all'uomo cosa vuol dire essere in relazione di unità con Dio e cosa sia l'unità degli uomini. Tutto ciò avviene, solo e solamente, per mezzo di Cristo e in vista di Cristo, che si manifesta, mediante la sua risurrezione, centro e modello dell'unità del genere umano.

La missione della Chiesa, l'unità di tutti gli uomini in Cristo risorto, coincide con la stessa missione di Cristo, incarnatosi in Maria, "affinché tutti siano uno" (Gv 17,21).

La Chiesa ha perciò solo un unico obiettivo che è quello di rendere il mondo unito in Cristo, nel suo sposo e tutto questo corrisponde, in altri termini, alla salvezza delle anime.

3) Il senso dell'incarnazione dell'Amore-Dio del Figlio è quello di essere predestinato per gli uomini dall'Amore-Dio del Padre. La volontà del Padre è che ogni uomo si ritrovi nel Figlio come figlio adottato dall'Amore-Dio-Trinità-Unità.

E' nello Spirito Santo che le relazioni intratrinitarie del Padre e del Figlio accadono in unità. Parimenti nella Chiesa l'unità nell'Amore-Dio-Spirito compone e ricompone le diversità: questa è la vocazione della Chiesa cioè la testimonianza visibile dell'unità.

4) Credere in Cristo vuol dire credere nell'unità perché Cristo Risorto è l'unità dell'uomo e di ogni cosa creata. Credere nell'unità tra Dio e gli uomini vuol dire essere Chiesa. Essere Chiesa vuol dire realizzare il disegno eterno dell'Amore-Dio-Trinità-Unità.

Questo, dice il santo padre Giovanni Paolo II, è l'autentico significato delle

parole 'Ut unum sint' che coincidono con la verità di Dio sull'uomo e con la verità di Dio su tutta la creazione.
5) C'è un'unica Chiesa di Cristo, il quale la vuole una, santa, cattolica, apostolica. La vuole in unità con il suo vicario, Pietro, insieme agli apostoli che hanno la responsabilità di condurla, di diffonderla e di esserne perciò la colonna e il fondamento di verità che è l'amore-Dio, uno e trino.
Questa Chiesa di Cristo risorto, così stabilita e con tali caratteristiche, la troviamo collocata e sussistente nella Chiesa cattolica che, appunto, esprime la sua unità visibile nel successore di Pietro, il papa in comunione d'unità con i vescovi.
6) Ci sono al di fuori della Chiesa cattolica, nelle altre Chiese e Comunità cristiane elementi di verità e di santità che, per un dono di grazia, conducono irreversibilmente e visibilmente verso l'unità cattolica nell'Amore-Dio-Trinità-Unità.
La via dell'Amore-Dio-Figlio cioè la via della povertà e della persecuzione da parte dei figli delle tenebre è in modo analogico anche la via della Chiesa, chiamata a collaborare con Dio per donare a tutti gli uomini la salvezza dell'anima, che corrisponde, come sappiamo, alla felicità eterna.
Inoltre molte azioni sacre che si svolgono all'interno di queste realtà ecclesiali non cattoliche, tenendo conto delle diverse modalità espressive presenti in esse, producono realmente la vita di grazia e sono perciò vie che aprono alla salvezza.
Infatti, sebbene queste Chiese e Comunità non presentino visibilmente la pienezza ecclesiale, sono deputate nel Signore risorto a essere operatrici di salvezza per coloro che vi appartengono.
L'Amore-Dio-Spirito con i suoi doni di grazia si serve di esse per assicurare loro l'azione salvifica, sapendo che questa stessa azione salvifica proviene dalla pienezza ecclesiale di grazia e di verità che è stata elargita alla Chiesa cattolica.
7) Solo la Chiesa cattolica si presenta al mondo come lo *strumento generale* in cui si trova in modo pieno e completo lo splendore della pienezza salvifica. Solo al collegio apostolico in unità con il successore di Pietro, l'Amore-Dio-Figlio ha

donato tutti gli strumenti salvifici della nuova alleanza proprio per formare l'unica Chiesa di Cristo, alla quale sono innestati ineffabilmente anche coloro che, mediante varie esperienze ecclesiali salvifiche, già sono membri dell'unico popolo di Dio.

Indice generale

Primo capitolo

Secondo capitolo

I principi cattolici dell'ecumenismo

Printed by Books on Demand GmbH, Norderstedt / Germany